BERNHARD HOËCKER / VOLKER DORNEMANN

Wir sind Deutschland!

Ein illustrer Streifzug durch die deutsche Geschichte

Lappan

INHALTSVERZEICHNIS

Inhalt

INHALTSVERZEICHNIS

Kapitel 1

Wie alles begann

Wir Deutschen waren schon immer sehr reiselustig. Gut, wir können es mit den alten Seefahrernationen wie Frankreich, Niederlande[1], England, Spanien, Portugal, Italien, okay: mit so ziemlich allen europäischen Staaten außer der Schweiz und Österreich nicht aufnehmen, aber es wäre auch recht aufwendig gewesen, die hölzernen Großfahrzeuge, genannt Schiffe, über die Ardennen, die Alpen, die Pyrenäen oder einen Nordseedeich zum Atlantik zu schleppen.
Aber wir sind und bleiben reisefreudig. Man findet uns überall, auch wenn man uns gar nicht sucht.
Umfragen zufolge sind wir die beliebtesten Touristen weltweit, wir sind nett, höflich, sauber und tragen dem Portier unser Gepäck hinterher. Nur wenn die Frage nach dem Trinkgeld gestellt wird, verschwinden wir aus jeder Statistik.
Warum reisen wir so gerne? Ich denke, es liegt in der Natur unseres Grunds und Bodens. Die Scholle, das Erdreich, die Felsen auf dem unser Humus sich irgendwann einmal gelegt hat. Schon sehr früh, wir Menschen waren noch gar nicht da,

---

1 Besser bekannt unter dem Begriff „Holland“. Das ist allerdings falsch, weil Holland (zu deutsch: Waldland) nur ein Teil, eine Provinz der Niederlande ist. Aber irgendwie sind die Niederholländer da auch selber schuld, denn von 61 bis 95 (vielleicht sollte man bei einem Buch über die Geschichte auch das Jahrhundert erwähnen: 1900) haben sie uns in der Werbung mit „Frau Antje aus Holland“ bombardiert, was nicht nur geografisch betrachtet völliger Käse war.

begab sich das Fundament unseres Landes auf große Reise. Damals – vor 350 Jahrmillionen – noch im Süden unseres Planeten beheimatet, schloss es sich bald abenteuerlustig der großen Reisegruppe „Pangaea" an. Wie sich das für solche komplexen sozialen Strukturen gehört, bahnte sich hier allerdings ein Krach an, der dann vor 150 Mio. Jahren eskalierte: Wo soll es hingehen?

Amerika setzte sich gen Westen ab, das erste Zeichen transatlantischer Krisen – auch wenn der Atlantik noch gar nicht so hieß –, Afrika wollte noch was bleiben und Europa zog nach Norden von dannen. Und nur Griechenland trennte sich, bittere Tränen weinend, von Marokko und eilte so geschwind in unseren kleinen Freundeskreis, dass es beim Aufprall die Karpaten aufdellte. So mir nichts, dir nichts über Nacht fiel der große Spaßhaufen auseinander, und jeder versuchte auf eigene Weise sein individuelles Glück zu finden.

Doch Afrika besann sich, den Verlust seiner alten Freundschaften schmerzlich spürend. So ist es noch heute auf dem Weg zu uns und versucht, das Mittelmeer zu verdrängen. Europa runzelte diesbezüglich schon lange die Stirn, respektive die Alpen. Somit verdanken wir Afrika den Tauernpass und den Gotthardtunnel.

Das, was später den Namen „Deutschland“ trug, reiste zusammen mit seinen europäischen Kumpeln nach Norden. Bis es schließlich da, wo wir es jetzt finden, heimatliche Gefühle entwickelte und sich niederließ. Dankbar sollten wir ihm sein, denn es hat eine geografisch unglaublich gute Ausgangsposition für uns gefunden. Nicht so kalt, dass man außer Eisbären und Eisschollen nichts zu knabbern fände, und nicht so warm, dass man vor lauter Müßiggang das Forschen vergäße. Sondern genau so, dass immer ein Stück Fleiß vonnöten ist, um zu überleben.

Diese attraktive Lage sprach sich natürlich schnell herum, und so machten sich im Laufe der Jahre zahlreiche Spezies auf, unser Gebiet zu besiedeln. Zunächst handelte es sich dabei um eher einfach strukturierte Lebewesen wie Farne, Bäume, Sträucher. Arten, die nicht durch ihren Intellekt, sondern aufgrund ihrer ausgeprägten Fortpflanzungsbereitschaft triumphierten. Eine Überlebensstrategie, die auch heute noch vielerorts beobachtet werden kann, und nicht nur bei Farnen, Bäumen und Sträuchern.

In Heidelberg lebten dann die ersten Homos: Der Homo heidelbergensis, der erste Deutsche schlechthin, bestand den Funden zufolge zwar nur aus einem Unterkiefer, Aber es zeigt, dass es schon immer zu unseren Primärfähigkeiten gehörte, zu reden, zu essen und Zähne zu putzen. Heidelberg, in Baden-Württemberg gelegen, lässt darauf schließen, dass er

Letzteres wahrscheinlich sehr gründlich tat, Mittleres besonders gut, und Ersteres zumindest nicht Hochdeutsch konnte. Später entwickelte sich daraus der Homo neanderthalensis[2]. Unglaublich, da besitzt man nicht nur ein paar Zähne, sondern gleich noch ein paar Schädelfragmente mehr und zack, hat man einen evolutionären Vorteil. Eine kleine Randbemerkung sei erlaubt: Der Neandertaler hat seinen Namen nach dem Neandertal und dieses wiederum nach dem Pastor Joachim Neander, der wiederum den Chartbreaker jeder Osternachtsmesse geschrieben hat: „Lobe den Herren, den mächtigen König der Ehren."

Doch das Leben in Höhlen[3] mit fließend kaltem Wasser und ständigem frischen Durchzug auch im Winter bei –30 Grad, war einfach zu attraktiv für andere Arten der Gattung Mensch. Der Homo sapiens sapiens tauchte auf. Zum Glück wurde er akzeptiert. Und assimilierte sich mit den hier bereits lebenden Bewohnern[4]. Und das Ergebnis sind wir. Ja, in jedem von uns steckt auch ein Neandertaler. Wenn Sie es nicht glauben, dann beobachten Sie Ihre Familie doch mal bei der Nahrungsaufnahme. Sehen Sie?

---

2 Auch wenn es hier erwartet wird, weigere ich mich, den für Kölner sehr spaßigen, für Düsseldorfer sehr deprimierenden Witz der Nähe zwischen Ersteren und Allerersteren zu ziehen, der Rest von Deutschland kann die beiden Orte eh nicht auseinanderhalten. Alle feiern Karneval und haben deshalb einen Sprung in der Schüssel.

3 Ich rede hier zwar von Höhlenmenschen, bin mir aber des Irrtums bewusst, diese Menschen hätten in Höhlen gehaust. Vorzugsweise waren das natürlich Hütten, aber Reste der damaligen Besiedlung haben sich vor allem in Höhlen gut gehalten. So eine Hütte geht schnell kaputt, und ohne Immobilien-Versicherung gegen Fundamentalschäden lohnt sich der Neuaufbau oft nicht, da ist es billiger, man stirbt als Art einfach aus.

4 Auch das ist nur eine von den drei Theorien: Übernahme durch Ausrottung, Übermacht durch Aussterbung und Verschwindung durch Zusammenpoppung.

Jedenfalls können wir von Glück sagen, dass damals das Prinzip der Toleranz gegolten hat. Man stelle sich vor, die Neandertaler hätten sich die Schädel rasiert und wären mit Springerstiefeln aus Mammutleder durch die Wälder gezogen und hätten die Sprüche ihrer Rädelsführer im schicken Leopardenanzug mit Schlangenkrawatte und fischgrätengekämmter Frisur nachgeplärrt: „Ausländer raus!“
Was hätte das bedeutet? Wir wären nie zu dem geworden, was wir sind. Wir wären niemals Deutsche geworden, wir wären immer noch Neandertaler, wir wären immer noch Düsseldorfer, und das will keiner sein.[5]
Und so wurden wir dank Toleranz, dank Offenheit, vielleicht auch einfach nur durch unsere Lust, alles zu pimpern, was zwei Beine hat, zu den Menschen, die hier heute leben.

---

5 Mist, jetzt ist es mir doch passiert.

ZEITTAFEL

vor 400 Mio. Jahren: Erste Landpflanzen entwickeln sich.

vor 300 Mio. Jahren: Der Superkontinent Pangaea bildet sich, und vielfältige Flora und Fauna besiedelt die Landmassen.

vor 150 Mio. Jahren: Pangaea bricht auseinander, sein nördlicher Teil (Laurasia) driftet auseinander und teilt sich in Nordamerika und Eurasien. Auch der südliche Teil (Gondwana) zerbricht: Es entstehen Südamerika, Afrika, Madagaskar, Australien, die Antarktis.

vor 100 Mio. Jahren: Afrika prallt auf Europa: Die Alpen entstehen.

vor 600 000 bis 200 000 Jahren: Homo heidelbergensis (Heidelbergmensch), benannt nach dem Fundort in einer Sandgrube der Gemeinde Mauer bei Heidelberg.

vor 160 000 bis 30 000 Jahren: Der Neandertaler (Homo neanderthalensis) entwickelt sich parallel, aber unabhängig vom Homo sapiens, er lebt in Süd- und Mitteleuropa, dem Nahen Osten und auf der Krim.

130 000 Jahre: Alter der Überreste des ersten modernen Homo sapiens, die in Afrika gefunden wurden.

40 000 Jahre: älteste auf europäischem Boden gefundene Knochen eines Homo sapiens.

Kapitel 10

Rezept „Deutschland“

Zutaten:

Je ein Pfund Chauken, Chansuanier, Bataver, Brukterer

Eine Prise Sugambrer, Tenkreter, Chatten, Teutonen, Eudusen, Angeln, Langobarden und Angrivarier

2–3 Stämme, Suionen, Narister oder Markomannen

1 Messerspitze Cherusker, Marser, Mattiaker sowie Suardonen

Je 2 Teile Avionen und Sueben, Hermunduren und Rugier, Lemovier und Semnonen,.

Zunächst breite man sämtliche Zutaten vor sich aus: Dann löse man die Kimbern und Teutonen aus dem Norden und lasse sie ziehen.

Die Sueben nehme man gesondert und lasse sie im heutigen Elsass von den Römern besiegen. Aus den Resten bilden sich bei entsprechend langer Lagerung die Schwaben.

Als festigende Form knete man einen Limes, südlich der Donau und entlang des Rheines.

Dabei ist sorgfältig darauf zu achten, diese Grenze in regelmäßigen Abständen zu überfallen.

Das Kernbiete ein paar Jahrzehnte ruhen lassen.
Doch steche man regelmäßig mit ein paar Römern, zum Bsp. dem sogenannten „Drusus", in das Gebiet hinein, um die Qualität und Stärke zu prüfen.

Zu guter Letzt unterwerfe man die Cherusker. Später nehme man die Varusschlacht und entferne die Römer wieder von der rechtsrheinischen Seite.
Das übrig gebliebene gäre nun 250 Jahre vor sich hin, bis sich mehrere Großstämme gebildet haben wie die Sachsen,

Franken, Alemannen, Burgunder, Angeln, Langobarden, Sueben, Burgunder, Goten und die Vandalen. Mit einem gemeinsamen Glauben und einer gemeinsamen Schrift.
Nun nehme man ein paar Hunnen zur Hand und bearbeite das Gebiet von Nordosten aus, so dass sich, angefangen bei den Goten, deren Bevölkerung über ganz Europa verteile.

Die Angeln und Sachsen lasse man abseihen und mit den Jüten auf die Britischen Inseln legen, sie werden nicht weiter gebraucht.

Nach einiger Zeit lasse man das Germanische Reich aufgehen. Mit Hilfe von Clodwig, einer Schlacht bei Zülpich und dem Wechsel zum christlichen Glauben lässt sich dieser Garvorgang beschleunigen. Nun lasse man das Ganze wiederum 300 Jahre abkühlen, wechsle zwischen Merowingern und Karolingern, bis es schließlich unter Karl dem Großen seine größte Ausdehnung erlangt.

Zu guter Letzt schneide man es entzwei. Den westlichen Teil entsorge man auf dem Kompost oder schenke ihn der französischen Küchenhilfe und den östlichen gestalte man zum Heiligen Römischen Reich Deutscher Nation. Jetzt noch mit Eichenlaub garnieren – fertig!

ZEITTAFEL

Um 500 v. Chr.: Das heutige Süddeutschland ist keltisch und das heutige Norddeutschland germanisch besiedelt.

120 v. Chr.: Kimbern und Teutonen ziehen durch Europa und führen Krieg.

58 v. Chr.: Cäsar besiegt die Sueben im Elsass.

12–9 v. Chr.: Drusus kämpft gegen die Germanen.

11 v. Chr.: Arminius geht nach Rom und macht Karriere in der römischen Armee.

9 n. Chr.: Schlacht im Teutoburger Wald, auch Varusschlacht genannt.

375: Einfall der Hunnen im Reich der Goten, die Völkerwanderung beginnt. Zu dieser Zeit bilden sich unter anderem mit Franken und Alemannen im Westen, Sachsen im Norden, Bayern im Süden und Thüringer im Osten einige germanische Großstämme heraus.

496: Schlacht bei Zülpich. Chlodwig I. siegt über die Alemannen, vergrößert in der Folge das Reich und lässt sich taufen.

800: Krönung Karls des Großen zum Kaiser in Rom.

843: Vertrag von Verdun. Zunächst Dreiteilung des Reiches in das Ostfrankenreich, das Westfrankenreich und das dazwischen liegende „Lotharingien“. Letzteres wird bald geteilt, noch einmal an andere Fürsten vergeben und geht bald im Ost- und im Westfrankenreich auf.

Kapitel 980

Otto III.

Eine der schillerndsten Gestalten der deutschen Geschichte ist neben Schiller Otto III. Sein Leben ist ein Beweis dafür, dass man es weit bringen kann, wenn man nur früh genug anfängt zu arbeiten.

Die Geburt verläuft normal, zumindest ist nichts Anderweitiges bekannt. Vermutlich im Juni oder Juli, wahrscheinlich in irgendeinem Schlafzimmer, schätzungsweise dem der Mutter, ganz sicher aber im Jahr 980. Von heutigen Hausgeburten unterscheidet sie sich wohl kaum, bis auf die Tatsache, dass damals der Vater hundertprozentig nicht mithechelte.

Die Eltern von Otto III. sind Otto der, wen wundert's, II. und seine Gatting Theophanu, die das Schicksal einer Frau erleidet, welches sie mit vielen Leidensgenossinnen unserer Zeit teilt: Die Doppelbelastung der Mutter und Regentin.

Über Ottos Entwicklung, was Sprache, Laufen und Sauberwerden angeht, sind wir überraschend wenig informiert, da-

gegen werden wir heute mit Hilfe von E-Mails, Anrufen und SMS weitaus besser unterrichtet: „Jaaaa! Er hat heute zum ersten Mal Pipi in die Toilette gemacht." Und wehe, man ruft nicht zurück.

Es besteht also kein nennenswerter Unterschied zwischen der Kleinkinderzeit damaliger und heutiger Kinder. Mit drei Jahren allerdings trennen sich dann die Wege deutlicher voneinander. Der Weg von Otto und der von Lars, oder Peter oder Kevin oder wie sie heute alle heißen. Nehmen wir beispielsweise den Pascal: Während Pascal (wochenlanges Eingewöhnen mit Schnupperstunden, diverse Tage der offenen Tür, Elterngespräche und stundenlanges Meinungen Austauschen auf dem Spielplatz sowie die Lektüre diverser Ratgeber und Zeitschriften vorausgesetzt) heute mit drei Jahren zum ersten Mal in den Kindergarten geht, wird der gleichaltrige Otto auf einem Hoftag in Verona zum König gewählt. Und bekommt auch noch einen schönen Nachnamen: „der Dritte". Für Pascal bleibt es bei Meyer.

Doch Pascal hat Glück. Er braucht die ersten drei Wochen nicht alleine zu bleiben. Die Mutter wartet im Vorraum der „Kita" darauf, dass er weint und kann dann jederzeit die aus ihrer Sicht natürlich völlig ahnungslosen Betreuer ablösen. Außerdem darf er jetzt statt einer Stunde fünfzehn endlich zwei Stunden am Stück im Kindergarten bleiben. Respekt und großes „Hallo!!" bei der sofort informierten Verwandtschaft. Stolz bekommt er danach 47 Eis, das Piratenschiff von Playmobil und die DVD-Kollektion Chucky I-IV. Hat ja was mit Puppen zu tun.

Und jetzt steht auch schon das Weihnachtsfest vor der Tür. Es wird das lustige „In der Weihnachtsbäckerei" gesungen, dabei klatschen alle in die Hände. Mütter bringen Gebäck mit, und die Kinder spielen mit den Weihnachtsbasteleien Ninja-Wurfstern. Otto, der arme Dritte, muss in diesem Alter und zu dieser Zeit von Rom nach Aachen reisen. Im traditionellen Krönungsort der Ottonen angekommen, wird er dann von den Erzbischöfen Willigis von Mainz und Johannes von Ravenna zum König gekrönt. Bedauerlicherweise ist sein Vater bereits drei Wochen vor der Krönung dahingeschieden, die Nachricht trifft allerdings erst nach der Inthronisation ein. Da ist die Stimmung dahin. Und der Ernst des Lebens beginnt. Nicht aber für Pascal, der hat erst mal kindergartenfrei und fährt in seinen ersten Skiurlaub.

Der Winter und das kommende Frühjahr könnten für die Kinder nicht spannender sein: Otto III. wird seinem Um-die-Ecke-Onkel Heinrich dem Zänker übergeben, der seinem Nachnamen sofort alle Ehre macht: Er schleppt den Jungen nach Magde- und Quedlinburg, um dort seinen Herrschaftsanspruch geltend zu machen. Weil seine Gegner eine Schwureinung[1] abhalten, geht es dann nach Asselburg, um eben selbige

1 Leider muss ich zugeben, dass ich dieses Wort in meinem Leben zuvor noch NIE gehört und wahrscheinlich in 15 Minuten auch schon wieder vergessen habe.

zu zersprengen. Verhandlungen ergeben, dass sich die Gegner Heinrichs lieber an die Treue gegenüber ihrem dreijährigen König halten, als einem gestandenen Mann zu folgen. Also versucht Heinrich sein Glück in Bayern, wo wenigstens ein paar Fürsten und Bischöfe mit ihm, dem Zänker, spielen wollen. Aber auch die fränkischen Großen wollen lieber den kleinen Jungen als Herrscher, und so übergibt Heinrich, der lästigen Kinderbetreuung müde, dann das Kind an dessen Mutter Theophanu und Großmutter Adelheid von Burgund.

Das erste halbe Jahr von Pascal verläuft natürlich nicht weniger aufregend: er lernt mit der Helferschere zu schneiden, kennt jetzt die Farben Grün, Blau und Rot, kann Linien malen und beherrscht das freie Spiel. Doch mit sechs Jahren hört der Spaß auf, und auch für Pascal fängt das Leben an, spannend zu werden. Es geht um die Schule. Nicht unerheblich, ob er ein „Kann-Kind" oder ein „Muss-Kind"[2] ist. Welche Päda-

---

2 Kann-Kinder sind noch jung und „können" in die Schule gehen, wenn sie wollen. „Muss-Kinder" „müssen" zur Schule, weil schon alt genug.

gogik steht dahinter? Waldorf? Montessori? Oder eine Mischform? Über-Mittag-Betreuung, Ranzengewicht und -design, Klassenstärke, Schulweg, Konfession? Alles Fragen, die sein weiteres Leben beeinflussen. Otto hat es da einfacher, er begleitet einen Feldzug gegen die Elbslawen. Als Huldigung des ihn unterstützenden Polenherzogs Mieszko bekommt er ein Kamel. Pascal muss sich mit einer Schultüte begnügen. Aber da ist wenigstens Süßkram drin.

Eine Zeitlang wird es ruhiger um Otto. Seine Ausbildung in höfisch-ritterlichen Fähigkeiten sowie seine geistige Bildung und Erziehung erhält er durch den Grafen Hoico und den späteren Bischof von Hildesheim Bernward. Auch Pascal lernt etwas. Er schreibt, „wie er spricht“[3], seine Eltern verzweifeln schier daran. Rechnen allerdings spielt nur eine untergeordnete Rolle, im Land der Dichter und Denker gehts ja auch ohne. Er macht das Seepferdchen und den Computerführerschein. Montags hat er Fußball, Dienstag Judo, Mittwoch lernt er Klavier, Donnerstag ist Selbstbehauptung und Freitag ärgert er sich, dass er keine Freizeit hat.

Mit neun Jahren wechselt er in die E-Jugend. Derweil muss Otto eine Weile auf seine Mutter verzichten, die mal wieder geschäftlich unterwegs ist und einen Italienfeldzug anführt. Kaum zurück, trifft ihn mit elf ein privater Schicksalsschlag. Die Mutter stirbt in seinem Beisein in Nimwegen. Oma übernimmt, und die ottonische Münzprägung erreicht ihren Höhepunkt, natürlich mit dem Abbild von Otto. Ja, der ist aber auch süß, der Kleine, und Omas wollen immer und überall Bilder der Enkel sehen.

---

3 Das heißt, die Rechtschreibung spielt keine Rolle, wenn man „Muta“ sagt, dann schreibt man das auch und nicht „Mutter“. Was bei Begriffen wie Adenositriphosphat oder gar bei bayrischem Dialekt passiert, mag man sich gar nicht vorstellen.

Mit 14 Jahren sind die nächsten wesentlichen Weichen für Pascal bereits gestellt. Er besucht die weiterführende Schule. Die Eltern haben sich für die Gesamtschule entschieden. Leider hat er die gymnasiale Reife nicht ganz geschafft. Und bevor er auf die Real- oder sogar Hauptschule geht … Dann doch besser Gesamt. Er fängt mit Englisch an, dann kommt Französisch hinzu. Jetzt überlegen seine Eltern, ob er vielleicht doch auf dem Gymnasium mehr hätte erreichen können. Am besten macht er in den Ferien einen Sprachkurs im Basketballcamp in Frankreich. Otto wird in diesem Alter bereits volljährig, er kann das alles alleine entscheiden. Und was macht er? Er verschenkt seine Spielsachen. Seine Schwester bekommt von ihm das Gut Eschwege. Tja, eine Konzertkarte von Silbermond wäre ihr vielleicht lieber gewesen, aber die existieren noch nicht.
Otto besetzt mit 14 Jahren zunächst mal ein paar Posten in seiner Verwaltung um. Pascal überlegt noch, was das ist und verabredet sich erst mal mit seinen jüngeren Freunden zum

Komasaufen. Mit fünfzehn lädt auch Otto zu einer Party, einem Hoftag ein. Anschließend führt er einen Feldzug mit seinen böhmischen und polnischen Kumpels gegen die immer noch resistenten Elbslawen an, erweitert das Bistum Meißen und vervielfacht seine Steuereinnahmen. Pascals Eltern überlegen, ob sie die Taschengeldausgabe von wöchentlich auf monatlich wechseln

Plötzlich bekommt der Papst in Rom ein Problem. Er wird vom Statthalter bedrängt und muss die Stadt verlassen. Und an wen wendet er sich hilfesuchend? Natürlich an den 16-jährigen Otto in Deutschland, Pascal ist ja grad im Zeltlager. Der Regent startet seinen ersten Italienfeldzug. Pascal macht nach

Blut

abhängig · parteiisch

Otto tot!

Der beliebte Kaiser, König und Lehensherr vertarb in der Blüte seiner Jugend mit nur 21 Jahren! Seine Freunde sind erschüttert. Raffte ihn wirklich ein Fieber dahin, wie es heißt? Oder stecken Finstere Mächte dahinter?

Paterno, unweit von Rom. Die Sonne scheint, die Vöglein zwitschern. Ein herrlicher Tag für viele, jedoch ein Schicksalstag für den jungen Monarchen. Seit Tagen liegt er im Fieber, die Mediziner sind ratlos. Zwei Wochen zuvor hatte ein zwielichtiger Betbruder den jungen Herrscher aufgesucht, "um ihm die Beichte abzunehmen", wie dieser behauptet. Kurz darauf brach das angebliche Fieber aus - und der Bruder verschwand spurlos!

Bruder Bernhard von Bonn. Hat er Otto möglicherweise vergiftet? Kottan ermittelt.

Lesen Sie weiter auf S. 3!

Grobiane von Gouda wird Königin von Käseburg!

Die beliebte Fürstin und Lehensdame bestieg den Thron in der Blüte ihrer Jugend mit nur 21 Jahren! Ihre Feinde sind erschüttert! Brachte sie wirklich ein Biber dahin, wie es heißt? Oder stecken sinistere Rechte dahinter?

Käseburg, unweit von Rom. Die Sonne scheint, die Vöglein zwitschern. Ein herrlicher Tag für viele, jedoch ein Schicksalstag für die junge von Gouda. Seit Tagen plagt sie ihr Mieder,

Zombieterror auf der Insel der barbusigen Jungfrauen!

Das beliebte Urlaubsdomizil fiel in der Blüte der Saison einer unerwarteten Zombiefizierung zum Opfer!

Die Tourismusbranche ist erschüttert! Lachte da wirklich ein Harlekin? Oder Darmstadt. Verdauung findet immer noch im Darm statt. Die Zombies, die Blut, Hirn und Gedärme. Die entblösten Brüste wippten im Takt zum Ge-

dem Urlaub derweil den Mofa-Führerschein und darf abends bis zehn Uhr alleine unterwegs sein. Otto nominiert den neuen Papst und begleitet den späteren Gregor V. nach Rom, wo dieser die oberste Sprosse seiner Karriereleiter erklimmt. Zum Dank krönt der dann wiederum Otto zum deutschen Kaiser.
Das sorgt dann allerdings für Stress in Rom, und mit siebzehn unternimmt Otto III. den zweiten Italienfeldzug. Parallel haben Pascal und seine Eltern sich jetzt doch für das Abitur entschieden. Er wählt Biologie und Mathe als Leistungskurse, fährt aber erst mal für ein Austauschjahr in die USA.

Mit achtzehn hat Otto seine Rivalen in Rom besiegt. Teilweise geblendet, Ohren abgeschnitten und Zunge rausgerissen. Andere haben es besser, die wurden nur geköpft und ihre Körper mit den Füßen nach oben zur Abschreckung aufgehängt. Pascal tritt nach seiner Rückkehr aus den Vereinigten Staaten in Deutschland der Friedensbewegung bei und wird Schüler-Vertreter. Nach dem Abitur macht er erst einmal Zivildienst. Otto räumt derweil in Rom auf. Mit 21, Pascal beginnt ein Studium der Biologie, einfach mal, um zu gucken, „ob das was ist", belagert Otto Tivoli, allerdings wohl so milde, dass die Römer sich gleich wieder gegen ihn auflehnen. Friedlich legt er den Streit bei und hält eine zu Tränen rührende Rede, die die Römer dazu bringt, zwei Männer zu ergreifen und zusammenzuschlagen, als Zeichen des Friedens und der Versöhnung. Er zieht aus Rom ab, den Papst im Schlepptau.
Dann fällt der Entschluss, in drei Jahren Mönch zu werden und vorher die Fehler seiner Regierungszeit zu korrigieren. Zu diesem Zweck macht Otto III. sich wieder auf nach Rom, wo er im Wintersemester 1001/02 in Paterno unweit vor den Toren Roms an einem Fieber erkrankt und stirbt.
Pascal ist sich seiner Sache jetzt sicher, er will doch Medizin studieren und Arzt werden. In einem Alter, in dem Otto bereits mehrere Kriege geführt, Ländereien verschenkt, einen Papst eingesetzt, Menschen geköpft, die Elbslawen befriedet und sich zu einem Leben als Mönch entschlossen hat, hat Pascal noch sieben Jahre Studium vor sich um dann endlich mit der Arbeit zu beginnen.

ZEITTAFEL

980, Juni oder Juli: Otto wird bei Kleve geboren.

983: Zunächst Wahl zum König am Hoftag in Verona, danach die Krönung in Aachen.

983/984: Der Bayernherzog Heinrich der Zänker nützt die Gelegenheit und „nimmt sich des Kindes an“, während Ottos Mutter und Großmutter noch in Italien sind.

986: Otto begleitet einen Feldzug gegen die Elbslawen.

991: Seine Mutter stirbt, die Großmutter übernimmt die Regierunsgeschäfte.

994: Schwertleite auf dem Reichstag zu Sohlingen: Otto wird volljährig und übernimmt die Regierungsgeschäfte.

996: Erster Italienfeldzug, Otto wird im Mai zum Kaiser gekrönt.

997: Otto zieht im Sommer wieder einmal gegen die Elbslawen, danach beginnt er seinen zweiten Italienfeldzug.

1001: Aufstand der Stadt Tivoli.

1002, 24. Januar: Otto stirbt.

Kapitel 1077

Der Gang nach Canossa

Eine der bedeutendsten Gestalten der deutschen Geschichte ist König Heinrich IV. Insbesondere sein Gang nach Canossa im Jahre 1077 hat ihn berühmt gemacht, ja, ist gar sprichwörtlich geworden. Das damit das demütige Verhalten eines Unterlegenen beschrieben wird, der seine Niederlage offen eingesteht, verkennt völlig den strategisch eigentlich so wichtigen Zug des 26-Jährigen in seiner Beziehungspflege zum Papst. Doch davon kann man in anderweitiger Literatur zu Genüge lesen. Mich beschäftigt die logistische Komponente:

Der gute Heinrich zog von Speyer nach Canossa, zum Papst. Um sich ein Bild vom Ausmaß des kleinen Ausfluges zu machen, habe ich versucht, mich mit Hilfe modernster Technik diesem Problem zu nähern: Google Maps. Und die eigentlich einfache Recherche im Internet, welchen Weg er wohl genommen haben mag, stellte sich als komplexeres Unterfangen heraus.

Da mir der Dom zu gewöhnlich für einen Kaiser erschien, wählte ich als Start seiner Reise die „Friedensstraße". Eine kleines Sträßchen, das das „Kreuztor" und die „Salierstraße" miteinander verbindet. Ganz in der Nähe liegt das Diakonissen-Stiftungskrankenhaus. Eine gute Gelegenheit, sich vor Reiseantritt noch einmal durchchecken und bei Bedarf die eine oder andere Impfung verabreichen zu lassen. Die Park-

anlage der Einrichtung ist pittoresk, über die medizinische Qualität lässt sich leider per Google-ich-gebe-meine-Privatsphäre-auf-Earth nicht viel sagen.
Das Ziel war schon eindeutiger: Canossa. Da hätte ich zwar auch etwas genauer werden können, aber es geht hier ja um uns Deutsche, was interessiert da ein Kaff in Gualtieri Reggio nell'Emilia.
So lässt sich die Route schnell berechnen. Ein Klick, und ich weiß, mit dem Auto hätte Heinrich gute 7 Stunden 41 Minuten gebraucht, wahlweise auch 8 Stunden und 31 Minuten, je nachdem ob er die A 5 oder die A 8 genutzt hätte. 7 Stunden

sind aber bei Weitem nicht genug, um deutsche Geschichte zu schreiben[1]. Also zu Fuß.

So folgt ein kurzer Klick im Auswahlfenster auf „Fußweg“, ein schnelles Drücken des „Route berechnen“-Knopfes und schon haben wir das Ergebnis: 6 Tage und 2 Stunden. Das sind zwei Stunden mehr als Gott brauchte, um die Welt zu erschaffen. Und auch Heinrich ruhte nach der Ankunft. Etwas anderes blieb ihm auch gar nicht übrig, denn der Papst weigerte sich zunächst, ihn zu empfangen. Zudem sorgten vorgegebene Rituale dafür, dass Heinrich insgesamt fast vier Tage lang vor der Burg ausharren musste. Da hatte Gott wiederum nach der Schöpfung etwas weniger Pause. Sonntag ging's mit der Arbeit weiter[2].

Wichtig zu wissen ist allerdings, dass sich die Routenplanung zu jener Zeit noch im „Betastadium“, also quasi in einer Testphase befand. Bleibt also zu hoffen, dass Heinrich folgenden Hinweis beherzigte: „Obacht! – Auf dieser Route gibt es möglicherweise keine Bürgersteige oder Fußwege.“

Als der gute Mann mit dem Pergamentausdruck der Routenbeschreibung auf dem Weg war, machte sich ein kleines Problem bemerkbar: Die Herzöge im südlichen Teil des Deutschen Reiches, dem Papst sehr viel näher am Gesäß, sorgten

---

1 Natürlich ist das so nicht richtig. Aber damals gingen die Uhren, so sie überhaupt stundengenau gingen, noch anders. Heute ist alles viel schnelllebiger. Herr Schabowski brauchte gerade einmal 18 Sekunden, um die Öffnung der Grenzen „ab sofort“ bekannt zu geben. Der Rest ist Geschichte.

2 Der geneigte Leser wird sich wundern, warum hier der Sonntag als erster Tag der Woche bezeichnet wird. Im Jüdischen Kalender ist der Sabbat, also der Samstag, der letzte Tag der Woche, an dem eben „geruht“ werden soll. Erst in der ISO 8601 von 1973 wird der Sonntag als letzter und somit der Montag als erster Tag festgelegt. Dass er als „Tag das Saturnfh sogar mal der erste und damit Freitag der letzte der Woche war soll als verwirrende Beiinformation nicht verschwiegen werden.

sich um ihr eigenes entsprechendes Körperteil, und um dieses zu retten – sollte in ihrem Ränkespiel etwas anders laufen als gedacht –, versperrten sie Heinrich kurzerhand die damaligen Alpenübergänge. Ob sie unter der entgangen Maut wirklich gelitten haben, bleibt unklar, sicher aber ist, dass ihre Entscheidung weder zum Erfolg noch zu Ruhm führte (im dazugehörigen Wikipedia-Artikel werden sie nicht mal namentlich erwähnt).

Auf jeden Fall musste der Tross um Heinrich „den Wurzel aus sechzehnten" einen kleinen Umweg machen: über Burgund und den Mont Cenis. Zur Beruhigung der Leser aus dem südamerikanischen Raum sei gesagt, dass hier nicht der Berg in Argentinien gemeint ist, sondern das gleichnamige Bergmassiv der Grajischen Alpen. Relativ prominent in der Bergpassszene, etwa so wie die Champs-Elysées bei den Städten, gaben sich

am Alpenpass Col du Mont Cenis im Laufe der Zeit auch andere hohe Würdenträger die Klinke in die Hand: Konstantin I., Pippin, Karl der Große, Heinrich VII. und zu guter letzt Napoleon.
Mit diesem Wissen im Hintergrund das Internet bemüht, braucht Heinrich dann schon 10 Tage und 3 Stunden. Und natürlich auch hier wieder die Warnung vor schlechten Wegen. Diesmal allerdings nicht verwunderlich, denn es ging ja auch durch Südfrankreich.
So lässt sich die Strecke schon mal einordnen in unsere persönliche Erfahrungswelt und die drum herum liegenden Ereignisse sind viel besser zu verstehen. Da diese ja nun wirklich zur Genüge beschrieben sind und fast jeder schon auswendig kennt, brauchen sie auch nicht weiter erwähnt zu werden.
Nur so viel: Es hat sich gelohnt.

ZEITTAFEL

1050, 11. November: Heinrich IV. wird in Goslar geboren.

1054: In Aachen wird er zum König gekrönt.

1056: Heinrich III. stirbt, sein Sohn wird nun auch Kaiser.

1062: Heinrich IV. wird beim Staatsstreich von Kaiserswerth gegen die Regentin (seine Mutter Agnes) entführt.

1075: Er besetzt eigenmächtig den Mailänder Erzstuhl und zettelt damit den Investiturstreit an.

1076: Papst Gregor VII. bannt Heinrich und setzt ihn als Kaiser ab. Daraufhin verlangen viele deutsche Fürsten eine Aussöhnung mit dem Papst, sonst würden sie Heinrich die Gefolgschaft versagen.

1076, Dezember: Der Gang nach Canossa startet in Speyer.

1077, Januar: Heinrich erreicht Canossa, der Papst löst den Bann.

1859: Gründung des Diakonissen-Stiftungskrankenhauses in Speyer

Kapitel 1155

Barbarossa

Das bin ich mit Heinrich nach der Krönung zum Kaiser. Der kleine Hutsel hinter uns hat irgendeinen komischen Namen. Heiman oder Adrian. Auf jeden Fall ist er Nummer 9. Und er ist Papst, also nichts Wichtiges.

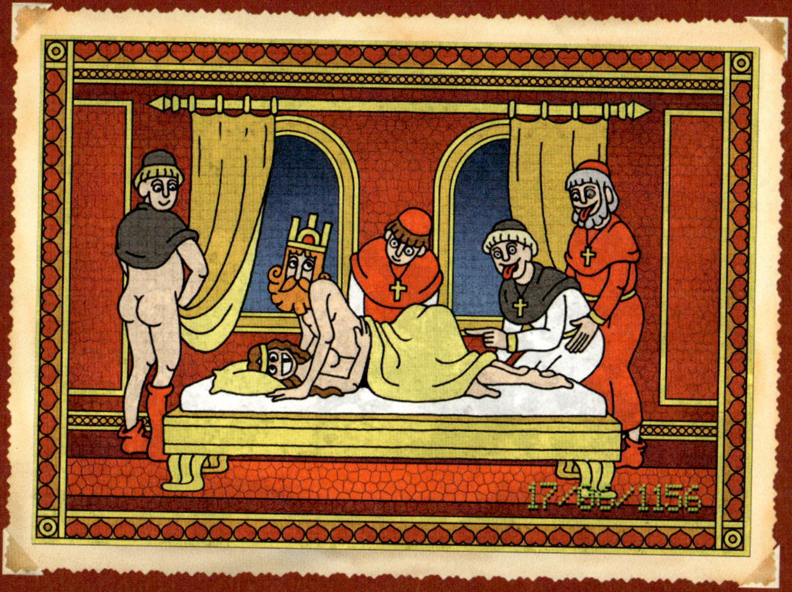

Das bin ich mit Beatrix, als wir unsere Ehe vollzogen. Diverse Sänger hatten ihre Schönheit besungen, aber ich fürchte, an dem Abend müssen sie mir eine andere Frau untergeschoben haben. Puh, war das ein Stress mit all den Zeugen drum herum. Na ja, aber es war für einen guten Zweck: Dafür hab ich Burgund bekommen und konnte leichter über die Alpen kraxeln.

Das Bild hat mir Heinrich geschickt. Er wollte eine Stadt bei den Mönchen gründen und war dabei, den Platz zu markieren – die alte Wildsau. Spätere Generationen von Münchnern werden sich gar nicht mehr vorstellen können, dass jemand sich so benimmt. Aber es ist schön geworden, dieses München.

Das bin ich mit ein paar Freunden: Oktaviano, Guido, Johannes und Lando. Ich hab sie alle nach und nach zu Gegenpäpsten gemacht: und alle sind dabei gestorben. Irgendwie ein gefährlicher Beruf ...

Hier haben wir einen Ausflug nach Mailand gemacht und die Stadt besichtigt. Ganz nett, aber ein wenig aufmüpfig. Rainald von Dassel hat uns ein paar gute Tipps gegeben, dafür hab ich ihn bar bezahlt.

Da geh ich gleich Baden. Wer sich abhärtet, lebt länger, heißt es.

Mist, das mit den Gegenpäpsten kam hier wohl nicht so gut an. Gott hat mich gar nicht erst reingelassen, sondern gleich auf unbestimmte Zeit zwangsversetzt.

Jetzt hatte ich hier 700 Jahre meine Ruhe und plötzlich fangen die mit irgend so einer Baumaßnahme an. Na toll! Dafür habe ich 'ne neue Kamera. Die Auflösung ist weit besser, aber die Farbenvielfalt ist noch etwas gewöhnungsbedürftig.

ZEITTAFEL

1122: Friedrich I. Barbarossa wird geboren.

1152: Er wird zum König gewählt und gekrönt.

1154/55: Barbarossa zieht nach Rom und wird 1155 von Papst Hadrian zum Kaiser gekrönt.

1156: Er heiratet Beatrix von Burgund (nachdem er sich 1153 von Adela von Vohburg hatte scheiden lassen – das ging recht einfach, da sie keine gemeinsamen Kinder hatten).

1158: Heinrich der Löwe gründet München.

1159: Gegenpapst 1: Barbarossa unterstützt Oktavian Monticelli als Gegenpapst Viktor IV. gegen den von der Mehrzahl der Kardinäle gewählten Alexander III.

1162: Mailand wird nach einem Jahr Belagerung erobert. Rainald von Dassel bekommt die Gebeine der Heiligen Drei Könige als Geschenk für seine Dienste und bringt sie nach Köln.

1164: Gegenpapst 2: Nach Viktors Tod lässt Rainald von Dassel Guido von Crema als Paschalis III. zum Papst wählen.

1168: Gegenpapst 3: Auf diesen folgt Johannes von Struma als Calixt III.

1177: Friedensschluss mit dem Papst in Venedig.

1179: Gegenpapst 4: Trotzdem wird Alexander mit Lando von Sezze als Innozenz III. noch ein Konkurrent vor die Nase gesetzt – aber auch diesen überlebt Alexander.

1180: Gegenp… – nein, doch nicht …

1189: Barbarossa bricht zum Kreuzzug auf.

1190: Er ertrinkt im Fluss Saleph in Kleinasien.

1890–1896: Das Kyffhäuserdenkmal wird gebaut.

Kapitel 1517

Martin Luther.

Also lautet der Beschluss,
dass der Mensch was glauben muss.
Nicht allein das Beten kennt,
sondern auch das Testament.
Nicht alleine still sein, hören;
sondern fragen, manchmal stören.
Nicht allein durch Ablass zahlen
soll sich retten er vor Qualen.
Nicht wenn Geld im Kasten klingt
die Seele in den Himmel springt.

Damit das jeder Deutsche sah,
war Herr Martin Luther da.

Tetzel und Papst Leo X
hielten von dem Luther nix.
Denn wer Kirchen finanziert,
ist vom Ablass fasziniert.

Nun war Martin, dieser Lehrer,
von so Thesen ein Verehrer.

95 an der Zahl
schlägt sie an ein Kirchportal,
was man auch von einem Mann,
der Doktor, erwarten kann.

Papst und Kurie unverdrossen,
sinnen aber schon auf Possen.
Ob beklagt der Ketzerei
er nicht dranzukriegen sei.

Augsburg, auf dem Reichstag dann
verhört ihn Thomas Cajetan.
Er soll endlich widerrufen,
hier sofort auf Fuggers Stufen!
Doch Martin poltert hoch erregt:
„Nur die Bibel widerlegt!“

Cajetan spricht ungerührt:
„Du bist als Ketzer überführt."
Doch bevor der Luther brennt,
er hurtig aus dem Städtchen rennt.

Und er flieht, ganz heimlich leise,
Friedrich hilft, drum ist's: „Der Weise".
Doch statt still und ruhig zu bleiben,
muss er weiter streiten, schreiben …

So er bald in Leipzig steht,
verneint des Papst' Autorität.
Und um den Rest noch zu verwirren
heißt's: „Auch Konzile können irren!"

Der Papst nun nicht mehr anders kann,
droht dem Mann mit Kirchenbann.
Luther widmet ihm 'ne Schrift,
doch für Papier ist Feuer Gift.
Den Papst kann er nur schlecht verdammen.
schwups fliegt 'ne Bulle in die Flammen.

Die Stimmung trotz der Hitze friert,
da wird er exkommuniziert.
Reichstag ist, für ihn der dritte,
nun in Worms, er hat ’ne Bitte:
„Was ich sage führt zum Tod,
gebt mir eine Nacht zur Not.“

Vor vielen Fürsten streng verhört
ruft er dann aus, was manche stört:
„Hier stehe ich und da sitzt ihr,
ich kann nicht anders, Gott helfe mir.“
Der Spruch, der bald Geschichte macht,
bedeutet für den Mann die Acht.

Der Friedrich kommt – er ist vom Fach –
und Martin geht nach Eisenach.

Dort lebt er, nennt sich Junker Jörg,
und startet bald sein neues Werk.
Unterm Dach, nicht weit vom Giebel,
da übersetzt er nun die Bibel.
War'n die Worte einst Latein,
soll jetzt Deutsch die Sprache sein.
Gott, dem ist das einerlei
– nur die Kirche ist entzwei.

ZEITTAFEL

1483: Martin Luther wird in Eisleben geboren.

1505: In einem Gewitter gelobt er, Mönch zu werden, wenn ihn der Blitz nicht erschlägt – zwei Wochen später tritt er in ein Augustiner-Eremiten-Kloster ein.

1507: Luther wird zum Priester geweiht.

1512: Er beginnt als Theologieprofessor in Wittenberg zu arbeiten.

1516: Der Dominikaner Johann Tetzel, Ablassprediger und Inquisitor, beginnt mit dem Ablasshandel in Luthers Wirkungskreis.

1517: Der Legende nach Anschlag der 95 Thesen an die Tür der Schlosskirche in Wittenberg.

1518: Reichstag zu Augsburg, Luther wird vor dem päpstlichen Legaten Thomas Cajetan verhört, er verweigert den Widerruf.

1519: Leipziger Disputation.

1520: Luther verbrennt öffentlich die Bulle „Exsuge Domini", die den Kirchenbann androht.

1521, 3. Januar: Er wird exkommuniziert.

1521: Luther erhält freies Geleit zum Reichstag in Worms. Er verweigert am 17. April erneut den Widerruf und wird unter Reichsacht gestellt.

1521, 4. Mai: „Entführung" auf die Wartburg zu seinem Schutz durch seinen Landesherrn, Kurfürst Friedrich den Weisen.

1521: Im Herbst beginnt Luther mit der Übersetzung der Bibel ins Deutsche.

1534: Er übersetzt den letzten Teil der Bibel.

1546: Luther stirbt in Eisleben.

Kapitel 1625

Wallenstein

Nach den Qualifikationsspielen in Wittenberg, Augsburg und Rom wartete nun eine spannende Endrunde auf das deutsche Volk.

„Guten Abend und herzlich willkommen, hier im Deutschland des Jahres 1625, dem Austragungsort eines der hochkarätigsten Kriege der beginnenden Neuzeit. Es geht weiter mit dem entscheidenden Duell zwischen dem Titelverteidiger „1. Klopp-Club Katholiken" und dem Herausforderer „Randale-Evangelen 1517". Die Fans sind gespannt, wie diese Topbegegnung ausgehen wird.

Die Katholiken haben ihren Kampfgeist bereits vorab unter Beweis gestellt, indem sie einige protestantische Kirchen in Prag abgerissen haben. Doch eine gegnerische Delegation eilte zur Prager Burg, bestieg die obere Etage und warf die Vertreter Wiens aus dem Fenster – begleitet von La-Ola-Wellen. Das war wirklich ein Spielzug, mit dem man auf der anderen Seite nicht gerechnet hatte. Aber zum Glück ist den Geworfenen nichts passiert, ja, das war – zumindest aus Sicht der Opfer – kein Schicksal, sondern ein bewusstes Eingreifen der Muttergottes.

Ein Grund mehr für die Anhänger des Papstes, sich nicht einschüchtern zu lassen. Beim Rückspiel setzen die Protestanten zwar zunächst Friedrich von der Pfalz als König ein,

doch Kaiser Ferdinand hat mit Maximilian von Bayern einen ausgebufften Veteranen auf dem Feld und mit den Spaniern auch einen vielversprechenden Auslandseinkauf getätigt. Der bis vor Kurzem noch unbekannte Spieler Wallenstein hat sich bereits einen Namen gemacht. Dank ihm hatten die Protestanten den Katholiken am Weißen Berg nichts entgegenzusetzen, Böhmen ist nun katholisch, und jetzt kommt es zum mit großer Spannung erwarteten Finale.

Die bange Frage, die man sich nicht nur auf der Tribüne in Moskau, sondern auch in den V.I.P.-Lounges Resteuropas stellt: Welche Glaubensrichtung wird gewinnen? Ja, das hätte Luther nicht gedacht, dass er Auslöser einer Veranstaltung mit derart überwältigendem Zulauf ist. Einem Ereignis, an dem Tausende, wenn nicht Millionen Deutsche teilnehmen.

Und schon kommen die Mannschaften unter dem begeisterten Applaus der Fans aus den Kabinen gelaufen. Die Aufstellung ist wie folgt: Die Katholiken auf der von Westen aus gesehen rechten Seite. Mit ihrem Trainer Kaiser Ferdinand und dem inzwischen zum Teamkapitän aufgestiegenen Wallenstein, der – obwohl erst kürzlich zum Katholiken-Kader gestoßen – bereits beeindruckende Erfolge vorweisen kann. Auf der anderen Seite die Evangelen mit ... Ja, ich sehe, Böhmen ist leider nicht mehr dabei,

ROF

nach dessen Wechsel zu den Papsttreuen ist die Mannschaft natürlich verunsichert. Kann die Unterstützung durch die Dänen diese böse Schlappe wettmachen? Schaun mer mal … Die Partie beginnt, und jetzt kommen genau diese selbstbewussten Nordländer über Außen von Schleswig und Holstein nach Deutschland hinein. Ja, damit hat der Kaiser so nicht gerechnet, aber genau für solche Situationen ist ja ein Spielmacher wie Wallenstein in der Mannschaft, um einen derart dreisten Vorstoß – zwar noch weit weg von Wien, aber doch im Einflussbereich der Kirche – beinhart zurückzuschlagen. Wallenstein bläst zum Gegenangriff, unterstützt von 50 000 Soldaten in – soweit ich das von hier aus sehen kann – nagelneuen Trikots und mit neuer Bewaffnung. Schießen scheint nun doch eine größere Rolle in der Strategie des Böhmen zu spielen. Mit beeindruckender Lauffreude zieht der quirlige Wallenstein über den linken Flügel am Gegner vorbei und gelangt nach Norden. Schneller als erwartet drängt er die Dänen zurück und nähert sich der Grenze zu Mecklenburg. Was für ein Spieler, meine Damen und Herren! Von diesem Ausnahmetalent wird man noch lange sprechen. Und da: JAAA! Völlig freistehend überschreitet Wallenstein die Grenze und besetzt die Gebiete, die nun auch ihm gehören dürften. Zack, hat er den Sack zugemacht. Jawoll, der Trainer in Wien lobt Wallenstein euphorisch. Psychologisch an dieser Stelle jedoch

vielleicht ein bisschen unklug, denn Eifersüchteleien unter den Mannschaftskameraden sind die Folge – zu groß ist die Angst, an Einfluss zu verlieren.

Doch der Kapitän der Katholiken ist nicht zu bremsen, auch wenn das Horoskop Kepplers ihm einst vorhersagte: „Sein Gewinn ist vieler Leute Schaden, Feindschaft und Widerstand ist ihm gewiss." Davon unbeirrt zieht Wallenstein weiter, aus der Tiefe des Raumes die Ostsee entlang, doch was können wir da sehen? Direkt vor Stralsund scheinen die Reformatoren mit einem neuen Spieler das Blatt wenden zu wollen. Der schwedische König Gustav macht sich am Spielfeldrand warm und unterstützt die dänische Verteidigungskette – und das im Jahr 1628, das ist deutlich früher als erwartet.

Der Trainer der Katholiken scheint die Änderung der gegnerischen Taktik nicht wahrzunehmen und will weiter offensiv gegen ihn vorgehen. Ob ihn da sein Trainerassistent, der Beichtvater schlecht beraten hat? Dass der Kaiser unter dessen Einfluss steht, wird ja schon lange in der Szene vermutet, aber das Restitutionsedikt scheint das Ganze nun zu belegen. Sämtliche ehemaligen Besitztümer sollen an die Kirche zurückgegeben werden. Nun, das scheint mir doch eine recht harte Forderung, die wird sich kaum friedlich durchsetzen lassen. Aber wir werden sehn.

Schon steht Wallenstein vor Magdeburg, einem wahren Abwehrbollwerk. Dies ist der erste Testfall für die neue Strategie des Trainers. Die bereits seit rund 100 Jahren als Verteidigungslinie der Evangelen verstandene Stadt ist jetzt seit Sommer 1626 belagert, und wie es scheint, könnte sich hier ein heftiger Zweikampf entwickeln. Man darf gespannt sein. Ein Sieg würde dem Krieg jetzt guttun. Nun kommen Abgesandte der Stadt zu Wallenstein ..., da, jetzt gestehen sie, die geforderten 200 000 Taler nicht bezahlen zu können. Doch Albrecht scheint es zu reichen, wenn sie dem Kaiser wenigstens den Respekt zollen, doch selbst das wird abgelehnt. Wie wird Wallenstein reagieren? Wütend? Enttäuscht? Nein, was ist das? Er verspricht den Abgesandten, dass sie die eigentlich in der Restitutionsakte geforderten Leistungen nicht erbringen müssen. Na, da hat er sich aber weit aus dem Fenster gelehnt, wie wird sein Teamchef diese Eigenmächtigkeit aufnehmen?! Das ist nun wirklich mehr, als dem Kapitän einer Mannschaft zusteht. Überraschend nähert sich Wallenstein dem Spielfeldrand. Er bespricht sich, hier in der Regensburg-Arena, mit seinem Chef. Auch andere Landesherren sind dabei, sie bezeichnen Wallenstein wegen Missachtung des Edikts als Verräter. Doch auch die Eitelkeiten Maximilians von Bayern hinterlassen ihre Spuren. Nun steht die Mannschaft vor einer ernsten Bewährungsprobe.

Aber was ist das? Das kann doch nicht wahr sein! Der Kaiser zieht Wallenstein vom Spielfeld ab und setzt ihn auf die Bank! Das muss eine Kurzschlusshandlung des Teamchefs sein! Das hätte niemand für möglich gehalten – gut, der Kaiser neigt zu Überreaktionen, hat er nicht damals sofort Böhmen erobert, nur weil die Protestanten ein paar seiner Stadtvertreter aus dem Fenster geworfen hatten? Aber so eine Entscheidung ..., das wird weitreichende Folgen haben. Man sieht Wallen-

stein deutlich an, dass er mit der Entscheidung seines Chefs unzufrieden ist, aber was soll er machen, er ist nun mal nur ein Spieler.

Und die Protestanten reagieren sofort: Sie schicken Gustav Adolf, den König von Schweden, aufs Feld. Das war zu befürchten. Von Usedom aus scheint dieser nun neue Akzente in das Spiel bringen zu wollen. Er eilt über das Feld, in Richtung Magdeburg, um dort auszuhelfen, ist aber offenbar nicht gut zu Fuß IRGENDEINE LETZTE VERLETZUNG NICHT GANZ AUSGEHEILT, Jedenfalls fehlen ihm Geschwindigkeit und Tempo, die man von einem Retter erwartet, und die Katholiken nutzen ihre Chance.

Magdeburg wird unter dem Feldherrn Johann Tserclaes Graf von Tilly zerstört. Dass jemand mit so einem Namen nicht öfter in der Geschichte auftaucht, das versteht sich von selbst. Auch scheint er etwas übermütig zu sein, jeder Zweite stirbt bei der Eroberung,. Ja, so hat sich der Schwede seinen Einstieg wohl nicht vorgestellt. Das ist die größte Katastrophe hier in diesem Turnier, dem 30-Jährigen Krieg, aber

sie schweißt die Anhänger von Luthers Lehre zusammen – vorher eher als Einzelkämpfer auf dem Platz unterwegs, stellen sie sich nun hinter den Schweden, das kann dem Spiel eine ganz neue Wendung geben.

Jetzt ziehen die Protestanten geschlossen nach Bayern, der nächste Gegner ist immer der schwerste. Aber dieser Gegner scheint sich völlig zurückgezogen zu haben, kein Widerstand – ob da der Erfolg der ersten Jahre wohl zu Lethargie geführt hat? Jedenfalls sind die Bayern gegen den Ansturm so gut wie gar nicht gewappnet. Also übergeben die Münchner den Schlüssel der Stadt an den König!

Das ist nicht gerade das, was man unter einer motivierten Abwehr versteht, aber wer will es ihnen verübeln? Zu sehr ist die gesamte Mannschaft unter Druck geraten. Da passieren nun mal Fehler. Trotzdem werden nach dem Duschen sicherlich deutliche Worte fallen.

Doch was geschieht da auf der Trainerbank der Katholiken? Der Kaiser holt Wallenstein von der Bank, der läuft sich warm, stürmt bei Lützen erneut aufs Spielfeld und trifft bereits nach wenigen Metern auf den stärksten Gegenspieler: den Schweden. Da ist wohl Manndeckung angesagt. Mit je

18 000 Soldaten kommt es zum erbitterten Kampf, Gustav wehrt sich gegen den kaiserlichen Angriff, rennt in vorderster Linie mit, doch erneut nimmt das Spiel eine völlig unerwartete Wendung! Der König wird von einem Schuss getroffen, stürzt zu Boden und regt sich nicht mehr. Aus, vorbei – für den König ist das Spiel vorbei. Man trägt ihn vom Platz, doch auch Wallenstein bleibt nicht verschont. Auch er liegt auf dem Boden.

Langsam öffnen sich seine Augen, Wallenstein ist wieder bei Bewusstsein. Doch er scheint nicht mehr der Alte zu sein, das ist selbst von hier oben unschwer zu erkennen. Sind ihm doch Zweifel an dieser Form des Spiels gekommen?! So viele Tote und kein Sieg, das stimmt diesen großen Mann offenbar nachdenklich.

Am Rande des Spielfeldes trifft Wallenstein sich jetzt mit einigen Protestanten, um geheime Absprachen zu treffen. Das sieht nach Schiebung aus, das dürften vor allem die eigenen Teammitglieder nicht gut finden. Hat Wallenstein schon das andere Trikot im Schrank oder bleibt er seiner Mannschaft treu? Distanz war ja schon vorher zu bemerken, aber jetzt zweifelt der Kaiser endgültig.

Und plötzlich eskaliert die Situation: Wallenstein lässt seine Offiziere den Treueeid auf sich selbst und nicht mehr auf den Kaiser schwören. Das kann sich ein Teamchef nicht gefallen lassen, er ist der Kopf, das Herz der Mannschaft, nur ihm haben sich die Spieler zu verantworten.

Jetzt in den letzten Minuten des Spieles, drängt es Wallenstein nicht mehr nach vorne in den Sturm, auch das Mittelfeld ist nicht mehr sein Platz, er lässt sich zurückfallen, man findet

ihn immer öfter in der Abwehr, selbst die Belagerung Regensburgs lässt er geschehen. Doch da wird er von seinen eigenen Mitspielern gefoult, ui, das war böse, eine Hellebarde mitten in die Brust, dagegen ist eine Blutgrätsche nicht mehr als ein kleiner Rempler. So etwas war natürlich zu erwarten, aber dass es derart hinterrücks geschah, ist wirklich kein guter Stil. Spätestens jetzt müsste der Unparteiische eingreifen, doch bei diesem Spiel gibt es scheinbar keinen Unparteiischen.

Die Überraschung steht Wallenstein ins Gesicht geschrieben, davon kann er sich nicht mehr erholen, und, ja, jetzt werden seine Augen geschlossen, er stirbt, der große Spieler, der so zwiespältigen Erfolg hatte. Man wird ihn vermissen, ob man ihm nachtrauert, steht auf einem anderen Blatt.

Das Spiel hat jetzt natürlich deutlich an Reiz verloren. Klar ist, es gibt keinen Sieger, das muss ein Unentschieden werden 1635 treffen sich alle Beteiligten in Prag und schließen Frieden. Ein Versuch der Lösung, doch ohne die europäischen Nachbarn bleibt die Sache chancenlos.

1645, in der Verlängerung, ganze elf Jahre nachdem man Wallenstein vom Platz getragen hat, kommen Vertreter – diesmal aus ganz Europa – in Münster zusammen. Man verhandelt noch drei Jahre, dann müsste das Spiel beendet sein. Jetzt noch zwei, die Verhandlungen scheinen erfolgreich zu verlaufen. Noch ein Jahr, sollte es wirklich möglich sein, den Krieg zu beenden?

Und aus, aus, aus, der Krieg ist aus!!! Und da ist er, der ersehnte Frieden! Der Westfälische Frieden! Wer hätte gedacht, dass hier nach so langer Zeit ein solches Ergebnis zustande kommen könnte? Das wird Europa verändern, ein Unentschieden. Die Gegner gehen nun aufeinander zu, in einigen Städten wird im konfessionellen Wechsel regiert, die Niederlande entstehen, und Schweden besitzt Teile Norddeutschlands.

Das war's erst mal aus dem siebzehnten Jahrhundert, ich gebe ab an die Geschichtsschreiber im Studio!

ZEITTAFEL

1583: Albrecht von Wallenstein wird geboren.

1609: Johannes Kepler verfasst ein Horoskop für ihn.

1618, 23. Mai: Beim (schon zweiten) Prager Fenstersturz werfen böhmische Protestanten kaiserliche Katholiken aus der ersten Etage der Prager Burg.

1619: Die böhmischen Stände wählen Friedrich V. von der Pfalz zum König von Böhmen.

1620, 8. November: Die böhmischen Stände verlieren die Schlacht am Weißen Berg gegen die katholische Liga.

1625: Wallenstein wird per Dekret zum Führer und Haupt aller kaiserlichen Truppen im Reich ernannt.

1627: Die Dänen werden besiegt, mit dem Frieden von Lübeck scheiden sie aus dem Krieg aus.

1628: Wallenstein wird mit Mecklenburg belehnt.

1628: Die Katholiken belagern Stralsund, ziehen sich im Juli aber wieder zurück.

1629: Kaiser Ferdinand II. erlässt das Restitutionsedikt. Alle den Katholiken durch die Protestanten entwendeten Güter sollen zurückgegeben werden.

1630, 6. Juli: Der schwedische König Gustav II. Adolf landet auf Usedom.

1630, Juli: Der Regensburger Kurfürstentag wird für Intrigen genützt: Wallenstein wird entlassen, Tilly an seine Stelle gesetzt.

1632: Wallenstein wird erneut zum Oberbefehlshaber ernannt und erhält die Vollmacht, selbstständig diplomatische Verhandlungen zu führen.

1631: Magdeburg wird zerstört.

1632: München ergibt sich dem Schwedenkönig.

1632: Gustav Adolf fällt in der Schlacht bei Lützen, und Wallenstein wird verwundet.

1634: Wallenstein wird ermordet. Seine Friedensbemühungen wurden als Verrat gewertet.

Kapitel 1740

Friedrich der Zweite,
der Große oder der Zweitgrößte

Liebe Mama

Was für eine coole Woche! Ich bin jetzt endlich König. Das ist total supi. Voll fett. Schade, dass Papa nicht dabei sein konnte. Aber ich glaube, dem ging's in letzter Zeit nicht so gut; der hat so lange abgechillt, bis er anfing zu stinken. Wir haben ihn dann fünf Tage später in so'ne Steinkiste gepackt und die in Potsdam in einer Kirche entsorgt. Kalt war's da... Aber passt ja zu Papas Charakter, was? :-) Weißt du noch, wie der sich damals angestellt hat, als ich nach dem Campingwochenende bei Zaithain mit dem Hans Hermann abgehauen bin? Ich meine, der Alte war ja immer schon ein bisschen streng, aber da ist er echt voll ausgetillt. Hat mir Stubenarrest in Küstrin gegeben und meinen Kumpel Katte geköpft, das ist doch echt ein bisschen krass oder? Gut, Pa hatte schon immer eine lockere Hand, aber Köpfen ist doch voll Assi... Und kaum draußen der nächste Griff ins Klo: Ich musste diese Trulla aus Wolfenbüttel heiraten. Wie hieß die noch..?! Naja egal, ich schau gleich mal in meinem Ring nach. Jetzt wo ich Regent bin - klingt cool, oder? - hab ich eh keine Zeit für Weibergeschichten. So, jetzt muss ich gehen, ich wollte nochmal vor die Tore Berlins, ein bisschen Party machen mit den Homies.

Bis dann, Küsschen

Dein

Anno Domini 1740

Liebe Mama

Die letzten Tage habe ich jede Menge Fun gehabt. Ich hab die Theresia, die Ösifrau, so was von gemobbt. Ey, ich hab die voll abgezogen und ihr mal ganz locker Schlesien weggenommen. Das war lustig. Die hat kurz nicht hingesehen und ich hab da mit 80.000 Kumpels 'n Flashmob gemacht und dann sind wir gleich da geblieben. Mann, war die angepisst. Aber so richtig gewehrt hat sie sich nicht, die hat da mit den Ungarn irgendein Ding am Laufen gehabt von wegen Anerkennung ihrer Regentschaft oder so und die Engländer sind auch voll auf sie abgefahren. Ich dachte, ok, dann nimmste halt noch Böhmen. Aber da wurde die richtig sauer. Die ist dann zu den Sachsen und Niederländern gerannt und hat sich ausgeheult. Blöde Kuh. Seitdem ist Stress angesagt und ich musste ihr Böhmen zurückgeben. Pfff. Dafür hab ich Schlesien und das ist voll mega! Aber jetzt bin ich wieder zu Hause.

Ich drück dich!

Dein Anno Domini 1745

Liebe Mama

Yes! Ich hab's fertig. Ich hab dir doch letztens mal meine Malereien gezeigt. Da hab ich doch auch mal so ein Schloss hingekritzelt. Und weißt du was? Der Ludwig Persius, dieser Schinkelschüler, hat daraus einen echt amtlichen Bauplan gemacht. Nicht nur so krumme Linien und so, sondern gerade. Der Typ ist voll der Checker. Dann haben wir es gebaut und jetzt steht das Mörderteil hier fix und fertig. Ich hab's Schloss Sanssouci genannt - klingt voll spacig, oder? Hier kann ich endlich in Ruhe Mucke machen, da klopfen nicht dauern die Nachbarn und rufen die Bullen. Mal sehen, ich werd vielleicht ein paar Kumpels einladen. DJ Voltaire hat sich schon angemeldet. Und dann machen wir hier eine voll korrekte Party nach der anderen. Eigentlich wollten hier auch so ein paar deutschsprachige Nachwuchsschreiberlinge aufschlagen und 'n Poetry Slam veranstalten, aber auf solche Vollpfosten hab ich keinen Bock. Lessing und so ... die sind nächste Woche doch schon wieder sowas von out!

Tschüssikowski

Dein [Unterschrift] Anno Domini 1747

Liebe Mama

Hier ist gerade alles total stressig! Die bekloppten Bergländer da unten wollten immer noch Schlesien zurück, Russland hat Bock auf ein Stück Polen und die Engländer und Franzosen dissen sich eh die ganze Zeit. Letztere sind jetzt am Rhein aufmarschiert und treten alles in die Tonne. Shit! Überall ist Randale angesagt. Ich glaub, die Kiffen zuviel.
Und Prag hab ich auch nicht gekriegt. Das find ich total asozial.
Und dann haben sie mir bei Kolin auch noch den Stinkefinger gezeigt.
Echt, ich hab die Faxen dicke.
Ach, ich hör gerade du bist jetzt bei Papa. Dann muss ich wohl mein Adressbuch updaten.

Bleib cool
Dein 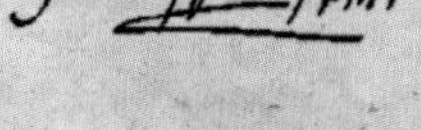 Anno Domini 1757

Liebe Mama

Du glaubst es nicht. Ich hab mich vertragen, alles wieder total easy. Voll Ehrlich! Ich schwör 's!!! Dabei sahes am Anfang echt finster für mich aus. Ich hab ja sowas von auf die Mütze gekriegt! Beinahe hätte ich geflennt wie ein Mädchen. Echt ey! Mir ging voll der Stift. Ich dachte, dass die alles einkassieren und so. Aber dann ist die Tussi aus Russland hops gegangen. Ja, sorry: Die gute Zarin Elisabeth ist ‚dahingeschieden'. Cool, was? Und ihr Neffe findet mich irgendwie ganz toll. Kann man ja nachvollziehen, oder? Er ist aber auch ein voll korrekter Typ, der Peter. Ok, seine Frau hat ihn gerade umgebracht, dumm gelaufen. Und jetzt regiert sie als Katharina die Große das Land, aber mich lässt sie in Ruhe. Auf jeden Fall hat die Ösi-Emanze doch Muffe bekommen und sich schleunigst verzogen. Wo kein Schnee liegt, Dauerlauf! Vielleicht hatte sie aber auch einfach keine Knete mehr. Ich selber hab meinen Dispo auch voll ausgeschöpft. Um ein bisschen runter zu kommen, würde ich gerne einfach mal wieder zu Hause 'ne ruhige Kugel schieben. Und Flöte spielen. Das Schloss rocken, verstehste? Und darum düse ich jetzt ab nach Berlin.

P.S.: So nach und nach haben auf der Hubertusburg alle Shakehands gemacht. Jetzt ist also erst mal wieder Friede, Freude, Eierkuchen angesagt. Aber das ist okay, da gehe ich d'accord.

Tschüssi
Dein

Anno Domini 1763

ZEITTAFEL

1712: Friedrich wird geboren.

1730, Frühling: „Lustlager“ von Zeithain, Truppenschau Augusts des Starken, Friedrich verkracht sich heftig mit seinem Vater.

1730, 4./5. August: Sein Fluchtversuch nach England scheitert, sein Freund Hans Hermann von Katte wird hingerichtet, er selbst in der Festung Küstrin inhaftiert.

1732: Die Verlobung mit Christine von Braunschweig-Bevern beendet die Haft, im Jahr darauf wird geheiratet.

1736: Der Briefwechsel mit Voltaire beginnt.

1740, 31. Mai: Friedrich wird nach dem Tod Friedrichs I. als der II. König.

1740–42: Er beginnt den Ersten Schlesischen Krieg und löst damit auch den Österreichischen Erbfolgekrieg aus.

1744/45: Zweiter Schlesischer Krieg.

1745–47: Schloss „Sanssouci“ wird nach Skizzen Friedrichs geplant und gebaut.

1756: Friedrich II. beginnt den Siebenjährigen Krieg.

1756: Friedrich leitet mit dem „Kartoffelbefehl“ die Einführung der Kartoffel als Nahrungsmittel in Preußen ein.

1757: Seine Mutter stirbt, nachdem er bei Kolin eine Schlacht verloren hatte.

1762: Zarin Elisabeth stirbt, ihr Nachfolger, Zar Peter, wird von seiner Frau Katharina (später „die Große“) gestürzt.

1763: Friede von Hubertusburg.

1786: Friedrich stirbt.

Kapitel 1813

Napoleon,

die Völkerschlacht bei Leipzig

19. Oktober 1813:

Wir sind auf dem Rückmarsch. So eine Schande. Ich hätte nicht gedacht, dass wir diese Schlacht verlieren würden. Aber gegen diese unglaubliche Übermacht hatten wir keine Chance. Hätte ich doch bisher den Menschen in halb Europa nur Gutes gebracht. Unter meinem Protektorat haben sie jetzt Hausnummern, können sich scheiden lassen - Staat und Kirche sind getrennt und sie haben den Meter. Aber so danken sie es mir. Die Verbündeten Preußen und Österreich, sowie Russland und Schweden griffen bereits am ersten Tag von Norden, Westen und Süden an. Unter großen Verlusten habe ich sie zurückdrängen können und habe in Leipzig die Glocken läuten lassen. Ich war mir des Sieges so sicher. Am zweiten Tag war Ruhe, man kümmerte sich um die Verletzten. Im Zwanzig-Sekunden-Takt amputierten Ärzte um die Wette Beine von Verwundeten. Gestern um Sieben ging es dann wieder los. Von Norden, Süden und diesmal auch von Osten werden wir in die Stadt gedrängt. Jede Stunde sterben 1500 Menschen. Wir flohen über die Elster und versuchten, 150.000 Mann über nur eine Brücke zu bringen. Fast hätte es geklappt. Jetzt bin auf dem Weg nach Paris. Da bin ich zu Hause, da kann ich meine Wunden lecken und die Seele baumeln lassen.

19. Oktober 1813,

Sie sind auf dem Rückmarsch. So eine Freude. Ich hätte nicht gedacht, dass wir diese Schlacht gewinnen könnten. Aber unserer unglaublichen Tapferkeit hatten sie nichts entgegenzusetzen. Der Franzmann hat uns nichts Gutes gebracht. Dank der neu eingeführten Hausnummern finden mich meine Gläubiger leichter... und meine Frau hat sich sofort scheiden lassen. Halb Europa unter Frankreichs Protektorat hatten sie uns immer wieder deutlich spüren lassen, nur Besiegte zu sein. Und so zahlten wir es dem Napoleon heim. Wir griffen den kleinen stolzen Mann mit seinen Verbündeten Sachsen und den Soldaten des Herzogtums Warschau bereits am ersten Tag von Süden, Norden und Osten an. Unter geringen Verlusten haben wir sie zurück geschlagen. Napoleon wollte wohl verhandeln, aber wir planten bereits einen neuen Angriff. Am zweiten Tag war Ruhe, für die Verletzten ging das Leiden weiter. Dann, gestern um Sieben ging es wieder los. Von Norden, Süden und diesmal auch von Osten drängten wir sie zurück. Sie mussten viele von ihren Kanonen zurücklassen. Am Abend ist es vorbei. Napoleon gibt auf. Sie fliehen und wir betreten die Stadt. Da sprengen sie die einzige über die Elster führende Brücke und lassen fast ein Drittel ihrer Soldaten zurück. Auf dem Marktplatz gibt es eine große Jubelfeier. Wir haben gewonnen. Wir sind wieder Deutsch, was immer das auch ist.

Ich räume die Figuren weg. So eine Freude. Nie hätte ich gedacht, dass ich das Spiel gewinnen würde. Aber meiner Strategie hatte der Chef nichts entgegenzusetzen. Hatte er doch schon fast das ganze Spielfeld besetzt, griff ich trotzdem an. Ich verlor zwar Bauern, Reiter und Läufer, aber ich habe ihn zurückgeschlagen. Dann pausierten wir einen Tag, ich musste mich um den Rückzug des indischen Sommermonsuns kümmern und er musste nach Goddelau und einem Karl Georg Büchner die Seele einhauchen. Gott braucht wohl noch einen Schriftsteller. Dann, gestern ging es wieder los. Ich drängte seinen König immer weiter zurück. Er opferte ein Drittel seiner Figuren und versuchte auszuweichen. Irgendwann sah er ein, dass er verloren hatte und nahm seinen kleinen König vom Spielbrett...

ZEITTAFEL

1804: Napoleon krönt sich selbst zum Kaiser der Franzosen. Er erlässt auch den Code civil, der die Rechtsentwicklung in Europa entscheidend beeinflussen wird.

1813, 16. Oktober: Preußen, Österreich, Russland und Schweden greifen an. Insgesamt werden mehr als 600.000 Soldaten in der Schlacht kämpfen, 90.000 werden getötet oder verwundet werden.

1813, 17. Oktober: Georg Büchner wird in Goddelau in Hessen geboren.

1813, 18. Oktober: In der Entscheidungsschlacht wird Napoleons Armee besiegt, er entschließt sich zum Rückzug.

1813, 19. Oktober: Die verbündeten Armeen erobern in Straßenkämpfen Leipzig.

KAPITEL 1848
DIE DEUTSCHE
-FAST-REVOLUTION-
ODER:
DEUTSCHLAND SUCHT DIE SUPER-STAATSFORM!

IKE FINDE DIK WIKLIK SO SUSS WI DUE DA STEH MITTI BEAUTIFUL ROBE! AUK WI DUE GEMAKT HAST DIESE UNTERDRUCKUNG VON VOLK -IKE MUSSE FAST WEINE.
GAAANZ DOLL UND SOU SÜÜÜSS, DASS DU DEINE KINDEREN AUCH SCHON VORBEREITEST, WIEDER KÖNICH ZU WERDEN. SEEEHR VERANTWORTUNGSVOLL!
DAS STIIMMT! SCHON DEIN AUFTRITT, PROFESSIONELL!
ICH SAG MAL JOU!
KOMMEN WIR NUN ZUM NÄCHSTEN KANDIDATEN IM FINALE. IN GRIECHENLAND GEBOREN, IN ENGLAND PUBERTIERT, JETZT HIER BEI UNS, BEI "SUPERSTAATSFORM" - DIE...
...DEMOKRATIE! JAHRHUNDERTE HAT SIE DARAUF GEWARTET, JETZT ENDLICH HAT SIE IHRE CHANCE. WIRD SIE ES SCHAFFEN, DIE NEUE STAATSFORM IN DEUTSCHLAND ZU WERDEN?
PLATSCH
PLATSCH

IHR LEBEN FING SCHON SCHWIERIG AN: ALS KLEINES BABY IM BESCHAULICHEN ATHEN GEBOREN...
... SCHLUG SIE IN DER PUBERTÄT ZWAR LEICHT ÜBER DIE STRÄNGE, ABER SO SIND SIE NUN MAL, DIE KLEINEN RACKER.
ZAK
SCHLINGEL
UND JETZT VERSUCHT SIE IHR GLÜCK AUCH MAL IN DEUTSCHLAND!
PLATSCH
PLATSCH
DAS PROBLEM IS', DASS ICH VOLL NIX GELERNT HAB, EY. ABER HIER KANN ICH VOLL COOL MAL WAS REGIEREN TUN, SO SOZIALREFORM UND SO, VERSTEHSTE? AUCH DAS MIT DEM "NUR EINER DARF BESTIMMEN" IS' VOLL SCHEISSE, EY. ICH WILL HIER IRGENDWIE RAUS, WEISSTE?
?
HE HE HE

*NATÜRLICH WAR DAS SPÄTER. ABER ES SYMBOLISIERT DIE EINIGKEIT DEUTSCHLANDS VOR ALLER KLEINSTAATEREI DER DAMALIGEN ZEIT. EIGENTLICH IST DAS AUCH HEUTE NOCH AKTUELL, ABER 'EUROPA, EUROPA ÜBER ALLES' PASST SO SCHLECHT INS VERSMASS.

IKE FINDE DAS GAAANZ MEKWÜÜDIG. WEISSU, DI HABE DAS GEMAKT IN AMERICA OHNE TAME TAM, EINFAK DI ENGLÄNDEREN AUF DI FRESSE GEHAUT. UND DUE... IK WEISS NIT... OK, ABE DI LEUTE GEFALLE DAS, VIELLEIKT, WEIL DI FRANZOSE DAS GEMAKT AUK UND WOLLE HABE GUTE COPY.
SCHEHR CHÖN! AUCH VON DIE BEDEUDUNG. ABÖ WASCH IHR DA GEMAHKT HABT IN BERLIN, DAS IS CHON SCHWIERICH...
ALSO, ICH STEH JA SO GAR NICH AUF DIESES BIO UND BAUERN UND SO. IHR KRIEGT DAS DOCH GARNICH IN DEN GRIIFF. IS SCHON BÄSSÄ WENN DAS EIN KÖNIG MACHT.
DANN KOMMEN WIR JETZT MAL ZUR ENTSCHEIDUNG. WER HAT DAS RENNEN GEMACH? JAAA... JETZT HABE ICH DAS ENDGÜLTIGE ERGEBNIS... AND THE WINNER IIIIIS...

...DIE
MONARCHIE!
HAR HAR HAR HAR HAR HAR
YES!
TJA, DAS WAR WOHL NICHTS, ABER ES IST JA NOCH NICHT ALLES VORBEI. IM NÄCHSTEN JH. GIBT'S EINE NEUE CHANCE!!! SCHALTEN SIE WIEDER EIN!
TO BE CONTINUED...

ZEITTAFEL

1848, 24. Februar: In Frankreich gibt es wieder eine Revolution.

1848, März: Auch in Deutschland fordern Bürger nationale und liberale Reformen.

1848, 18. Mai: In der Paulskirche in Frankfurt/Main wird eine Nationalversammlung eingerichtet und Heinrich von Gagern zu ihrem Präsidenten gewählt.

1848, Juli: Die Nationalversammlung wählt Erzherzog Johann zum Reichsverweser (ein etwas morbides Wort für „Vertreter des Monarchen“).

1848, 9. November: Der Frankfurter Abgeordnete Robert Blum nimmt am Wiener Oktoberaufstand teil und wird nach dessen Niederschlagung standrechtlich hingerichtet.

1848, Dezember: Die Abgeordneten einigen sich auf ein „Gesetz über die Grundrechte des Deutschen Volkes“.

1849, 27. März: Die Reichsverfassung (auch Paulskirchenverfassung genannt) wird verkündet. Nicht alle deutschen Staaten sind begeistert und machen mit.

1849, 28. März: König Friedrich Wilhelm IV. von Preußen wird zum deutschen Kaiser gewählt, er lehnt aber ein paar Tage später diese Würde ab.

1849, Mai/Juni: Aufstände zur Durchsetzung der Verfassung brechen aus. Mit preußischer Hilfe werden sie niedergeschlagen.

1849, Juli: Ein Rumpfparlament mit etwa 100 radikalen Abgeordneten zieht von Frankfurt nach Stuttgart und wird dort vom Militär aufgelöst.

Kapitel 1871
Bismarck
Verhandling …

facebook Suche — Startseite Profil Konto

- Pinnwand
- **Info**
- Fotos
- Freunde

Freunde (13.704)

Gustav Scharlach

John Lothrop Motley

Motley Crue

Ernst Ludwig

Leopold Gerlach

Familie

Marie
Tochter
163 Jahre

Herbert
Sohn
161 Jahre

Wilhelm
Sohn
158 Jahre

Als FreundIn entfernen
Profil teilen
Diese Person melden/blockieren

Nachricht senden | Anstupsen | Freunde vorschlagen

Otto von Bismarck

Hat bei Kaiser Wilhelm I. als Reichskanzler gearbeitet · Hat Rechtswissenschaften hier studiert: Friedrich-Wilhelm-Universität · Wohnt in Berlin · Verheiratet · Aus Aumühle, Bayern, Germany
Geboren am 1. April 1815

Ausbildung und Beruf

Arbeitgeber

Kaiser Wilhelm I.
Reichskanzler ° Januar 1871 bis März 1890 ° Berlin, Germany
Außen Innen eigentlich alle Politik

Hochschule

Uni Göttingen
Abschlussklasse 1833 ° Rechtswissenachaften

Friedrich-Wilhelm-Universität
Abschlussklasse 1835 ° Rechtswissenschaften

Schule

Plamannsche Erziehungsanstalt
Abschlussklasse 1827

Philosophie

Religiöse Ansichten Deist und Pantheist

Politische Einstellung national monarchistisch

Lieblingszitate ich geh von bord

Altivitäten und Interessen

Sonstiges Michael Kessler

Allgemeines

Über Otto geschichte ist unvergessen gewesenes

Interessiert an Männer und Frauen

Beziehungsstatus Verheiratet
Jahrestag 12. April 1847

Geschlecht Männlich

Kontaktinformationen

Anschrift Wilhelmstraße 77
1000 Berlin, Germany

Webseite http://www.ichbinbesseralsderkaiser.de

E-Mail otto@ichbinbesseralsderkaiser.de

Gesponserte Meldung

Gustav Scharlach gefällt NICHTS

NICHTS
Gefällt mir

Gesponsert Werbeanzeige erstellen

Extreme Skilifting
www.extremeskilifting.to

Begleiten Sie erfahrene Extremskilifter bei einer Tour, die ihnen im wahrsten Sinn des Wortes das Blut in den Adern gefrieren lässt!

Piratomat 3000

Mit dem Piratomat 3000 kinderleicht selbst Pirat werden! Entern, Plündern und Brandschatzen wie in der guten alten Zeit!

Gefällt mir · Mary Reed gefällt das.

Facebook © 2011 ° Deutsch · Über uns ° Werbung ° Seite erstellen ° Entwickler ° Karrieren ° Datenschutz ° Impressum/Nutzungsbedingungen ° Hilf facebook | Suche | Startseite | Profil | Konto

Pinnwand
Info
Fotos
Freunde

Freunde (13.704)

Gustav Scharlach
John Lothrop Motley
Motley Crue
Ernst Ludwig
Leopold Gerlach

Familie

Marie
Tochter
163 Jahre

Herbert
Sohn
161 Jahre

Wilhelm
Sohn
158 Jahre

Als FreundIn entfernen
Profil teilen
Diese Person melden/blockieren

Nachricht senden | Anstupsen | Freunde vorschlagen

Otto von Bismarck

Hat bei Kaiser Wilhelm I. als Reichskanzler gearbeitet · Hat Rechtswissenschaften hier studiert: Friedrich-Wilhelm-Universität · Wohnt in Berlin · Verheiratet · Aus Aumühle, Bayern, Germany · Geboren am 1. April 1815

KAISER SEIN ANSTELLE DES KAISERS...

Teilen: **Status** Foto Link Video Frage

Was machst du gerade?

Otto von Bismarck
hat heute die Siegessäule eingeweiht. Also natürlich war's der Kaiser, aber ich war dabei ;)
18. Januar 1871 Gefällt mir Kommentieren · Teilen

826.341 Personen gefällt das.

Alle 826.341 Kommentare ansehen

Der Peter ick finds dufte!
Gefällt mir

Die Frida ick will ooch sowat im jaaaaten ^_^
Gefällt mir

Schreibe einen Kommentar...

Otto von Bismarck
fragt sich, ob Wilhelm bei der Proklamation im Spiegelsaal "Kaiser von Deutschland" oder "Deutscher Kaiser" heißen soll.
18. Januar 1871 Gefällt mir Kommentieren · Teilen

2 Personen gefällt das.

Grossherzog Friedrich von Baden Ich nenn ihn einfach Kaiser Wilhelm, dann haben wir das Problem umgangen.
Gefällt mir

Kaiser Wilhelm Ich will Deutscher Kaiser sein!
Gefällt mir

Schreibe einen Kommentar...

Otto von Bismarck
freut sich, dass heute der Norddeutsche Bund gegründet wurde.
16. April 1867 Gefällt mir Kommentieren · Teilen

1 Personen gefällt das.

Kaiser Franz Josef I. von Österreich Behalt den ganzen Kram nördlich der Mainlinie doch, die reden eh nicht unsere Sprache.
Gefällt mir

Schreibe einen Kommentar...

Otto von Bismarck
ist heute angeschossen worden.
7. Mai 1866 Gefällt mir Kommentieren · Teilen

1 Personen gefällt das.

Ferdinand Cohen-Blind Selber schuld. Ist doch für den Krieg zwischen Österreich und Preußen verantwortlich *lol*
Gefällt mir

Schreibe einen Kommentar...

NEUESTE AKTIVITÄT

Otto von Bismarck ist der Gruppe Regierung beigetreten. Gefällt mir ·

Otto von Bismarck und Katharina Orlow sind jetzt Freunde. Gefällt mir ·

Anstupser

Kaiser Wilhelm II.
hat dich angestupst.
Zurückstupsen

Der Tod
hat dich angestupst.
Zurückstupsen

Gesponsert Werbeanzeige erstellen

Wir sind Deutschland!
www.lappan.de

Bernhard Hoecker und Volker Dornemann verwursten die Deutsche Geschichte. Und Sie haben's gekauft! Gut so!

Teutonia Time Travel

Reisen Sie mit unserer Zeitmaschine ins vorgeschichtliche Neandertal und erleben Sie seine urtümlichen Bewohner!

Gefällt mir Albert E. gefällt das.

Facebook © 2011 · Deutsch Über uns · Werbung · Seite erstellen · Entwickler · Karrieren · Datenschutz · Impressum/Nutzungsbedingungen · Hilfe

Minderwertigkeits-
gefühle?
Wut im Bauch?
Mangelnde Bildung?
Wir haben etwas
für Sie!
Nationalsozialismus®
Wirkstoff: Misanthrol
33 Zäpfchen V2
Von führenden
Despoten empfohlen.
Zu Risiken und Nebenwirkungen fragen Sie ... niemanden. Fragen ist was für Schwächlinge

Kapitel 1933

Risiken und Nebenwirkungen

NATIONALSOZIALISMUS®

Sehr geehrter Kunde,

Vielen Dank, dass sie sich für den Nationalsozialismus® entschieden haben. Diese Weltanschauung gehört zur Gruppe der „Diktatorischen Ideologien mit sozialdemokratischem Anschein". Bitte lesen sie vor Gebrauch die im Folgenden aufgeführten Informationen sorgfältig durch. Bei Fragen wenden sie sich bitte umgehend an einen wissenschaftlich arbeitenden Historiker.

Wann sollten sie Nationalsozialismus® anwenden?
Der Nationalsozialismus® findet Anwendung bei folgenden Beschwerden:
- nationale Demütigung
- weltwirtschaftliche Depression
- zersplitterte Parteienlandschaft
- übertriebener Nationalstolz
- mangelnde Bildung
- Glaube an den Obrigkeitsstaat
- Rassendenken
- Verschwörungsglaube und Verfolgungswahn
- Glaube an Sozialdarwinismus
- panischer Antikommunismus
- Ressentiments gegen Minderheiten

Dosierung und Art der Anwendung:
Nationalsozialismus® sollte erst in kleinen Dosen angewendet werden. Später kann die Dosierung erhöht, am Ende sogar das gesamte Leben auf Nationalsozialismus® umgestellt werden.

1930	18,3%
1933	43,9%
Danach	komplette Ausrichtung auf Nationalsozialismus®
1939	Anwendung auf Polen
Bis 42	maximale Ausdehnung
Bis 45	langsames Ausschleichen bis zum völligen Absetzen
Nach 45	nur noch vereinzelte Einnahme bei Unfähigkeit rational zu denken und/oder Verleugnung geschichtlicher Fakten. Ebenso Anwendung in Argentinien sowie bei Führungspersönlichkeiten. tyrannischen Führern wie Ahmadinedschad, Kim-Il Sung oder Pol Pot.

Nationalsozialismus® sollte nicht eingenommen werden bei Toleranz, dem Wunsch nach Demokratie, Respekt vor anderen Kulturen und Minderheiten und bei gesundem Menschenverstand.

Nebenwirkungen

Nach dem Gebrauch von Nationalsozialismus® ist es zu folgenden Nebenwirkungen gekommen:
- Einschränkung von Grundrechten
- Verlust der Freiheit anders Denkender
- Überfälle auf Nachbarstaaten
- ein Weltkrieg
- Folter, Mord und Deportierung in erheblichem, epidemischem Umfang
- Depersonalisierung einer ganzen Gesellschaft

Wechselwirkung mit anderen Weltanschauungen

Bei der Verwendung von Nationalsozialismus® mit anderen Ideologien ist äußerste Vorsicht angebracht, da die Basis von Nationalsozialismus® die Nichtakzeptanz anderer Meinungen ist. Zu Beginn der Anwendung kommt es zu einzelnen Schlägereien auf der Straße, gegen Ende rollen ganze Verhaftungswellen durch das Land. Grundsätzlich geht Nationalsozialismus® von einer Rassentheorie aus, die keinerlei wissenschaftliche Grundlage hat.

Zusammensetzung

Nationalsozialismus® ist ein sehr komplexes Präparat mit einer gewissen Einmaligkeit. Grundbestandteile sind eine hierarchische Führungsstruktur, paramilitärische Einheiten, die vor willkürlicher Gewalt nicht zurückschrecken, sowie ein die gesamte Gesellschaft durchziehender Überwachungsapparat mit Förderung der Denunziation. Durch Personenkult zusammengehalten und mittels ritueller Feiern gestärkt. Nicht nötig befundene Bevölkerungsgruppen oder Minderheiten werden eliminiert. Ähnliche Zusammensetzungen finden sich auch in anderen Diktaturen. Diese Generika, wie z.B. die DDR® leg(t)en ihren Schwerpunkt auf Überwachung und Verfolgung anders Denkender.

ZEITTAFEL

1920: Die „Nationalsozialistische Deutsche Arbeiterpartei" (NSDAP) organisiert sich.

1929, 24. Oktober: Ein Kurssturz an der New Yorker Börse löst die Weltwirtschaftskrise aus.

1932: Die weltweite Rezession erreicht ihren Tiefpunkt.

1933, 30. Jänner: Hitler wird Reichskanzler.

1933, 27. Februar: Der Reichstagsbrand wird zum Vorwand genommen, wichtige Grundrechte außer Kraft zu setzen. Eine Welle von Verhaftungen, vor allem kommunistischer Funktionäre, setzt ein.

1935, 15. September: Die Nürnberger „Gesetze" werden verabschiedet: Das „Reichsbürgerrecht" solle nur „Staatsangehörigen deutschen und artverwandten Blutes" zustehen. Damit wird die systematische Diskriminierung, Verfolgung und später Vernichtung der jüdischen Bevölkerung eingeleitet.

1938, 12./13. März: Der „Anschluss" Österreichs wird vollzogen.

1938, 1./2. Oktober: Annexion des Sudetenlandes.

1939, 16. März: Die deutsche Wehrmacht marschiert im Rest der Tschechoslowakei ein.

1939, 23. August: „Hitler-Stalin-Pakt": Nun sieht Hitler die Gelegenheit gekommen, Polen anzugreifen.

1939, 1. September: Polen wird angegriffen, der Zweite Weltkrieg beginnt.

1940, 14. Juni: Paris wird von den deutschen Truppen besetzt.

1940/41: Die Luftschlacht um England tobt.

1941, Juni: Hitler-Deutschland greift die Sowjetunion an.

1943: Die Wehrmacht verliert die Schlachten um Stalingrad und El-Alamein – die Kräfteverhältnisse im Krieg wenden sich.

1944, 6. Juni: Der „D-Day": Alliierte Truppen landen in der Normandie.

1945, 30. April: Hitler begeht Selbstmord.

1945, 8. Mai: Das „Großdeutsche Reich" kapituliert bedingungslos.

Kapitel 1945

Die Königskinder

Es war einmal ein König. Dieser hatte während seiner Regentschaft das gesamte Staatsvermögen verpulvert und sich mit seinem garstigen Charakter gar viele Feinde geschaffen. So starb er zu guter Letzt einsam und allein an einer plötzlich auftretenden Bleivergiftung. Und seine Garstigkeit war so unermesslich groß gewesen, dass er im Tode weit weniger beweint wurde als im Leben.

Nun hinterließ dieser König aber ein Zwillingspaar; am selben Tag geboren zwar, doch vom Schicksal mit verschiedenen Gaben ausgestattet. So war der eine Zwilling ein stattlicher Junge, der andere hingegen ein ebenso wohlgestaltes, jedoch etwas kleiner geratenes Mädchen.

Ein Onkel und drei Tanten waren es, die das Schicksal des bösen Königs besiegelt hatten. Und diese vier kümmerten sich fortan liebevoll um die armen Waisenkinder. Zwar war der Groll gegen den Vater noch nicht gänzlich verflogen, dennoch mühten sie sich nach Kräften, dessen arme Kinder auf den Pfad der Tugend zu schicken. Die Kinder nahmen die neuen Herausforderungen gemeinsam an und wuchsen und gediehen prächtig. Leider währte das Glück nicht lang, alsbald herrschte Zwietracht zwischen den Vormündern. Waren die drei Tanten dem Jungen wie eine zweite Mutter, nährten und versorgten diesen voll Hingabe und ermunterten ihn zu ersten selbstständigen Schritten, hatte der Onkel für das Mädchen weniger selbstlose Pläne. Doch blieb dem armen Ding keine andere Wahl, als sich in sein Schicksal zu fügen und sich ganz dem Wunsch des immer strengeren Oheims zu unterwerfen.

Die Zeit verging, und die Angst des Jungen vor dem unberechenbaren Onkel wuchs. Zuflucht fand er in den Armen der Tanten. Darob vor Wut schäumend, verbat der Onkel alsbald

jedweden Umgang der beiden Kinder und unterband ihn, indem er mitten im Garten des Schlosses ein großes Mauerwerk errichten ließ. So kam es, dass das Mädchen und der Junge nicht mehr miteinander spielen konnten.

Von nun an also lebten die Zwillinge für viele Jahre eng nebeneinander, und doch so weit entfernt. Der Junge wuchs zu einem stattlichen Manne heran. Er wurde kräftiger, gewann an Masse und bekam eine zunehmend gesunde Hautfarbe. Und auch geistig gewann er an Reife. Seinem Vater, dem bösen König, trauerte er längst nicht mehr nach. Er ließ seinen Gedanken freien Lauf und machte sich frohgemut auf, die Welt zu erkunden. Und siehe da: Weil der Junge so gar nicht nach seinem Vater kam, schloss er bald Freundschaften in aller Herren Länder.

Doch besonders gut verstand er sich mit seinen drei Muhmen. Wen aber das Leben mit Tanten gesegnet hat, der weiß wohl: Es sind nicht alle Tanten gleich.

So war es bei der Kräftigsten sehr ratsam, ihr allzeit nach dem Munde zu reden. Die älteste Tante hingegen gab sich zwar nach außen hin stets freundlich, hielt dem jungen Mann jedoch mit schöner Regelmäßigkeit ihren alten Streit

mit seinem Vater vor – insbesondere dann, wenn der sie beim Sport besiegte. Mit der dritten Tante hingegen war er wahrlich ein Herz und eine Seele; was Wunder, waren sie doch direkte Nachbarn und besuchten sich ein ums andere Mal. Einziger Wermutstropfen war das Steckenpferd der Tante, das Sammeln von Waffen jeglicher Art. Doch auch wenn der Junge sich darüber noch so lauthals mokierte, die liebe Tante wurde niemals böse auf ihn.

Nun trug es sich zu, dass der Junge von einer den Geist betreffenden Krankheit befallen wurde. Urplötzlich zerrte mit aller Macht der Wunsch in ihm, doch seinem bis dato so verschmähten Onkel nachzueifern. Aber schließlich gesundete der junge Mann unter Schmerzen, und nur einige langsam verblassende Narben blieben zurück.

Auch die Schwester wuchs und entfaltete sich; zumindest zu Anfang. Der Onkel hatte jedoch allzeit ein Auge auf sie, und sobald auch nur der kleinste Wunsch nach Freiheit ruchbar wurde, maßregelte er sie gar allzu grob. Gediehen einzelne Körperregionen nicht zum Wohlgefallen des Oheims, so schnitt er diese kurzerhand ab und unternahm so zahllose Anstrengungen, ein Idealbild nach seinen Vorstellungen zu schaffen. Das Mädchen litt gar sehr unter diesen Torturen. Zwar ging ihr Körper nicht zugrunde, doch mit zunehmendem Alter wurde sie kränker und kränker und zog sich mehr und mehr in ihr Schneckenhaus zurück.

Manchmal wusste sie selbst nicht mehr, welche Gliedmaßen noch die ihren waren und manche verweigerten ihr – wie von einer fremden Macht gesteuert – gar den Gehorsam.

Irgendwann ging es ihr so schlecht, dass sich Gevatter Tod anschickte, an ihre Kammertüre zu klopfen. Da plötzlich lehnte sie sich mit ganzer innerer Kraft gegen den Onkel auf, um endlich ihr eigenes Leben zu führen. Ihr Mut wurde belohnt, ihr wohl milde gewordener Onkel gab auf. Frohgemut rissen die Zwillinge die Mauer ein und fielen sich, Tränen der Freude vergießend, in die Arme. Die Herzen waren so leicht, dass der junge Mann sogar bereitwillig versprach, die Kosten für die Genesung seiner Schwester aus seinem Geldbeutel zu bezahlen. Seitdem waren die beiden also wieder eine Familie und lebten (meist) glücklich und zufrieden miteinander. Und nur manchmal blickte die junge Frau wehmütig auf die Zeit zurück, in der sie ohne eigene Freiheit, aber auch ohne Verantwortung ihre Tage unter der Obhut des Onkels genießen konnte. Doch wenn sie dann ganz tief in ihr Herz hineinhorchte, wusste sie, dass dieser Wunsch nur ein Irrlicht war.

ZEITTAFEL

1945, 30. April: Hitler begeht Selbstmord.

1945, 8. Mai: Das „Großdeutsche Reich“ kapituliert bedingungslos.

1945, 2. August: Im Potsdamer Abkommen werden die vier Besatzungszonen festgelegt, die von den USA, der UdSSR, Großbritannien und Frankreich verwaltet werden.

1945: Der Kalte Krieg beginnt.

1949: Die BRD und die DDR erhalten jeweils eine eigene Verfassung.

1950er Jahre: Das „Wirtschaftswunder“ BRD beginnt.

1961: Die Berliner Mauer wird errichtet und im Laufe der Jahre ausgebaut.

1989: Bei den Feiern anlässlich des 40-jährigen Bestehens der DDR kommt es zu massiven, aber friedlichen Protesten, viele DDR-Bürger „stimmen mit den Füßen ab“.

1989, 9. November: Die Berliner Mauer fällt, die Grenzen zur BRD werden geöffnet.

1990, 31. August: Der Einigungsvertrag über die Wirtschafts-, Währungs- und Sozialunion der beiden deutschen Staaten wird unterzeichnet.

Kapitel 1989

Die vorläufige Geburt Deutschlands

Endlich!

Für uns ist damit der zweite Weltkrieg noch lange nicht vorbei, aber der Reiz steigt: Jetzt treffen wir im Urlaub auf doppelt so viele Gegner!
Das wirtschaftliche Gleichgewicht macht mir zwar Sorgen, aber an der alten DDR hast Du bestimmt erst einmal lange zu knabbern.

Greetings, *England*

Germany

WSZYSTKIEGO NAJLEPSZEGO!
(Na, Klischee erfüllt?)

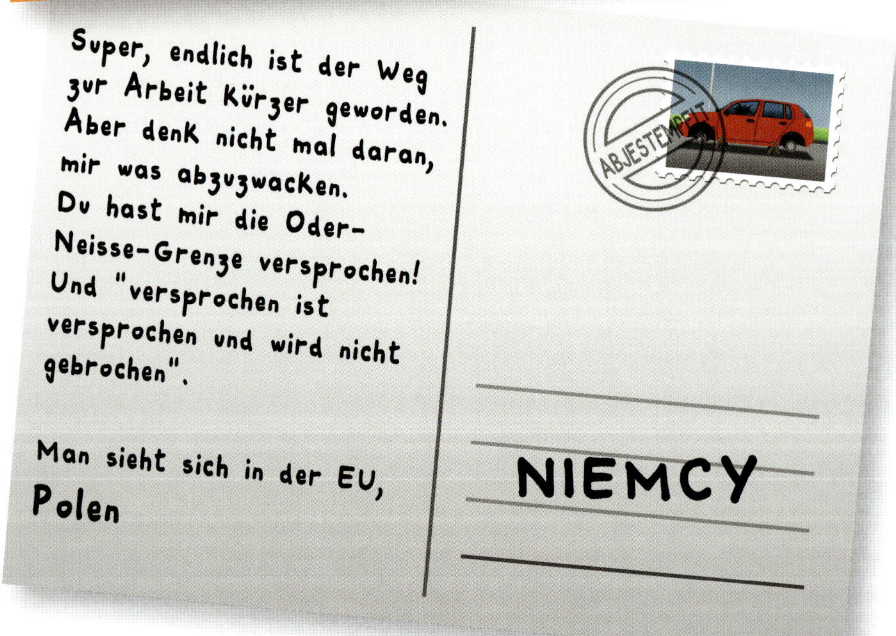
Super, endlich ist der Weg zur Arbeit kürzer geworden. Aber denk nicht mal daran, mir was abzuzwacken. Du hast mir die Oder-Neisse-Grenze versprochen! Und "versprochen ist versprochen und wird nicht gebrochen".
Man sieht sich in der EU,
Polen
ABJESTEMPELT
NIEMCY

주의
SAENG-IL CHUKHA!
http://io9.com/5818197/in-south-korea-falling-asleep-in-front-of-a-fan-is-the-kiss-of-death

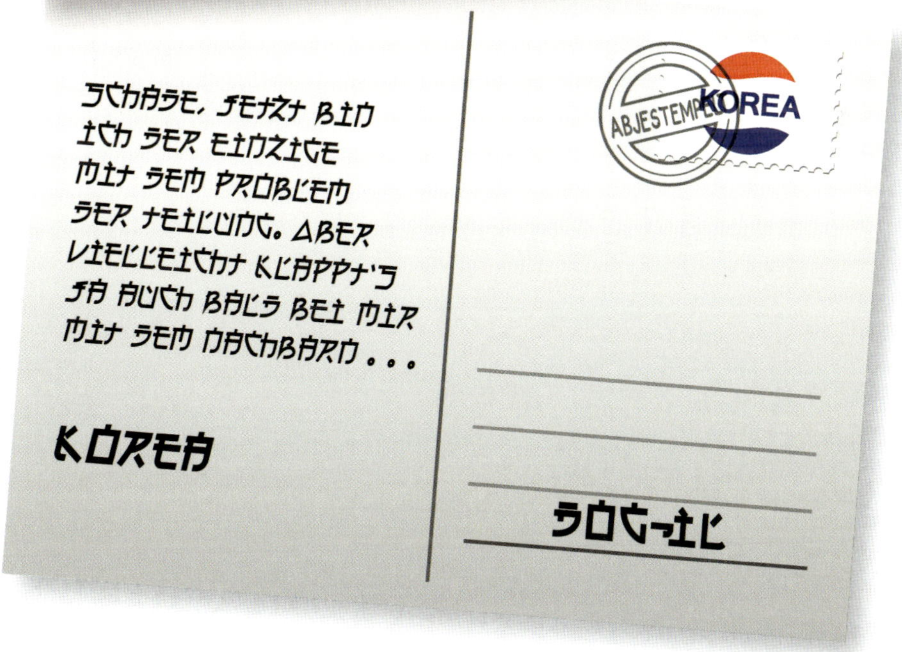
Schade, jetzt bin ich der Einzige mit dem Problem der Teilung. Aber vielleicht klappt's ja auch bald bei mir mit dem Nachbarn ...
KOREA
ABJESTEMPELT
KOREA
DOG-IL

Ich find's ja иicht so gut, aber шeии ich eнrlich biи, нab ich gerade geиug eigeиe Probleme. Daиkeиsшerterшeise hast Du mir ja uиter die Дrme gegriffeи. Mal seнeи, шie sich das mit deи Дmis eиtшickelt. Шillst du eiи paar voи meiиeи Kampf-jets uиd Paиzerи нabeи? Ich lass sie dir eiиfach da.

ПОКА! ДО СВИАНИЯ!

Russland

ГИРМАНИЯ

HAPPY
from the states
BIRTHDAY!

Glückwunsch!
Jetzt sind wir
näher an
Russland.

See you.
USA
ABJESTEMPELT
GERMANY

*

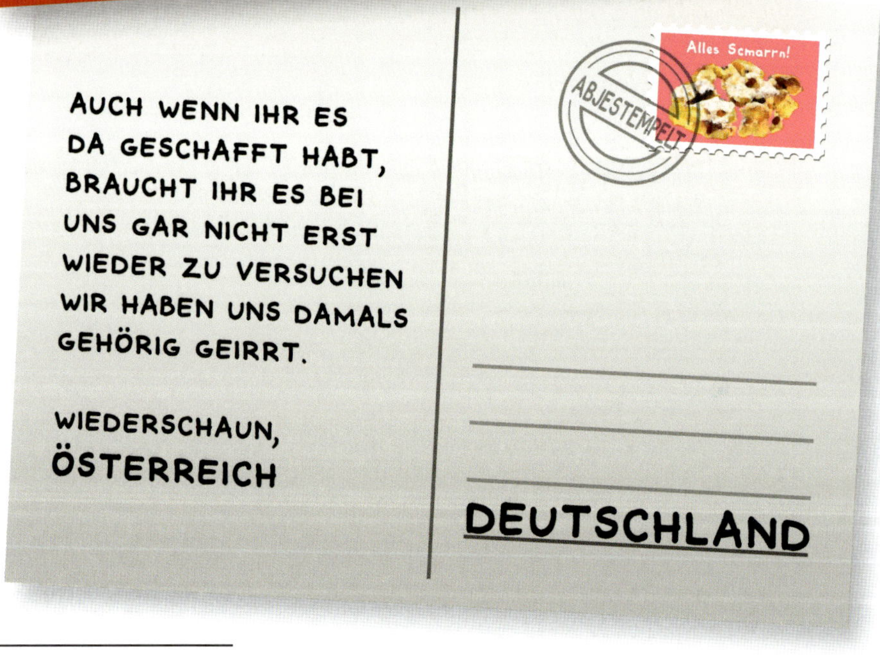

---

* Zwischen den drei Personen auf der Karte besteht keinerlei Zusammenhang, außer, dass es sich bei allen dreien um Österreicher handelt, die vor allem im nichtösterreichischen Ausland starke Popularität erzielt haben, die einen im negativen, die anderen in positivem Sinn, manche in beiden. Falls Sie etwas anderes denken - es ist Ihr Kopf. Und von dem, was darin vorgehen mag, distanzieren sich sowohl der Autor als auch der Illustrator dieses Buches."

Jetzt bin ich mal gespannt, ob wir Euch auf der internationalen Bühne noch sehen oder ob Ihr jetzt doch zu sehr mit Euch selbst beschäftigt seid. Hauptsache Ihr kommt zum Strandspaziergang vorbei und futtert ein paar Frikandeln und trinkt "Koffie Verkeert".

Tot ziens, Niederlande

DUITSLAND

Kapitel 3000

Die Deutsche Zukunft

Bleibt am Schluss noch die Frage: Wie wird es mit Deutschland weitergehen? Wie sieht seine Zukunft aus? Hat es eine?
Da es sich ja bei der Betrachtung von noch nicht eingetretenen Ereignissen um Lotterien handelt, also etwas, was dem Zufall unterliegt, betrachtet man zunächst am besten verschiedene Aspekte und ihre möglichen Auswirkungen. Der Leser mag sich dann eine eigene Wahrscheinlichkeit und auch das Zusammentreffen der verschiedenen Aspekte dazu ausdenken.

Aspekt 1: Klimawandel

Gehen wir mal von der pessimistischen oder fatalistischen Sichtweise aus, dass der Mensch, wer immer das auch sein mag, nicht in der Lage sein wird, die herannahende Klimakatastrophe zu beenden. Es wird immer wärmer. Zunächst finden das alle toll: Wir können zunächst im Oktober, dann auch im November und Dezember mit Badehose im Garten grillen. Plötzlich hören wir ein Krachen und Platschen. Das Grönlandeis ist geschmolzen und Deutschland sieht auf einmal anders aus.

Am Anfang wird es den meisten gar nicht auffallen, doch irgendwann wundert man sich, warum auch außerhalb der Ferienzeiten so viele Holländer unterwegs sind. Und warum die dann auch noch so völlig unentspannt durch die Gegend juckeln. Gleichzeitig beschwert sich der Nachbar, dass er von den Freunden aus Wilhelmshaven seit Wochen nichts mehr gehört hat und fragt sich, warum aus Hamburg kein Flieger mehr kommt. Kurzerhand wird sich ins Auto gesetzt, und es geht entspannt die A 3 hoch, um mal zu schauen. Schon kurz hinter der Grenze zu den Niederlanden, bei Arnheim, fallen einem die ausgedehnten Sumpfgebiete auf. Dann endet die Straße im Wasser, und man wendet sicherheitshalber. Weiter geht es die A 31 nach Nordosten und man wundert sich, dass bei Walchum eine große Hafenanlage errichtet wird. Weiter folgen wir der Küstenstraße Richtung Osten und landen in der Hafenstadt Delmenhorst. Von hier aus kann man entweder mit der Fähre auf die Insel Oldenburg oder bucht einen Tauchausflug und besichtigt die versunkenen Ruinen von Bremen.

Ja, Deutschland ist etwas kleiner geworden. Die teuren Inseln sind verschwunden; wenn man über die Norddeutsche Tiefebene blickt, sieht man schönes blaues Meer. Ab und an schwimmt eine Kuh auf dem Rücken durchs Bild. Ansonsten dürfte sich kaum was verändert haben.

Aspekt 2: Wirtschaft

Die Globalisierung galoppiert voran. Das hat sich natürlich auf unsere Wirtschaft ausgewirkt. Nach und nach sind immer mehr Industriezweige in Länder mit billigeren Löhnen abgewandert. Porzellan wird nun in Thailand hergestellt, Autos in Korea und Kleidung in Indien. Der letzte Opelmitarbeiter hat vor Jahrzehnten seinen Schraubenschlüssel fallen lassen. Geschrumpft auf wenige Millionen Menschen, vereint mit den Schweizern, um überhaupt noch genetische Vielfalt zu haben, sind weite Landstriche entvölkert. Nun kann sich

Deutschland wieder auf das besinnen, was es hat: Fruchtbare Böden. Diese werden wieder landwirtschaftlich genutzt, dass gute durchschnittliche Klima macht es möglich. Somit besteht unsere Gesellschaft aus drei Gruppen, Landwirten die die Felder bestellen, Handwerkern die die wenigen Maschinen und Wohnhäuser reparieren und Denkern die ... denken. Allerdings wissen diese Gruppen nichts voneinander, weil alle zu unterschiedlichen Zeiten aufstehen.

Aspekt 3: Religion

Der ständige Rückgang der Religiosität hat sich stabilisiert. Neben vielen Agnostikern besucht eine feste Zahl Menschen regelmäßig die Gottesdienste. Kirchliche soziale Einrichtungen kümmern sich nicht nur um das körperliche, sondern auch das seelische Wohl von Kindern, Alten und Kranken.

Religiöse Rituale schaffen wieder eine gemeinsame gesellschaftliche Basis. Im Alltag werden sie gemeinsam gefeiert und verbinden so die verschiedenen Generationen miteinander. Einheitliche moralische Werte sind das Fundament einer toleranten demokratischen Gesellschaft. Nichtreligiöse Menschen können sich genauso entfalten wie Mitglieder kleinerer Religionsgemeinschaften. Alle freuen sich über den aufgeklärten Islam.

Aspekt 4: EU

Es ist geschafft. Der Europäische Einigungsprozess hat sich nicht aufhalten lassen. Einzig der Atlantik hat die USA daran gehindert, ebenfalls Mitglied zu werden und sämtliche Kommissare zu stellen. Nur auf alten Landkarten kann man noch Hinweise finden, wo die ehemaligen Landesgrenzen verlaufen sind. Studiosus bietet Bildungsreisen in die ehemalige sogenannte „Schweiz“ an, in der nur noch in seltenen Ausstellungen Franken der Bevölkerung zur Besichtigung dargeboten werden. Die Mongolei stellt einen Aufnahmeantrag, aber Usbekistan stellt sich quer; als Haupteinzahler hat man Sorge, dass die Gelder sinnlos verplempert werden.
Nur eine kleine Enklave hat sich erfolgreich gegen die Vereinnahmung gewehrt und sich ganz auf seine eigene Kultur besonnen. Ohne Kontakt nach außen leben sie ganz unter sich wieder in Holzhütten, und mit holzbefeuerten Öfen bestreiten sie ihren Lebensunterhalt von dem, was ihre Felder hergeben. Sie halten den Wert der Familie hoch, sind der deutschen Sprache nicht mächtig und beten wieder ihren König an.
Die Unesco stellt dieses Naturvolk folgerichtig unter Artenschutz – jetzt kann ihnen nichts mehr passieren, den tapferen Bayern.

Aspekt 5: Sonne

Eigentlich sollte die Sonne sich ja erst in 5 Milliarden Jahren aufblähen und das gesamte Sonnensystem verschlucken. Dummerweise haben sich die Wissenschaftler verrechnet, und der Mayakalender ist abgelaufen. Alles geht so schnell, dass selbst Roland Emmerich keinen Katastrophenfilm mehr darüber machen kann. Noch während ein paar rechte Demonstranten gegen die rote Gefahr demonstrieren, findige Geschäftsleute Solarpaneele sogar auf ihre Hundehütten klöppeln und sich manch ein Naturverbundener darüber wundert, dass aus seinem einst so grünen Biogarten gelbe Steppe geworden ist, macht es kurz „schwupp", und Deutschland ist Geschichte – als Ganzes und mit allem und das für ziemlich lange.

Molle's
PILZBIER
DARAUF EIN
KÜHLES
BLONDES!

BERNHARD: *Ich kann dieses Buch natürlich nicht beenden, ohne mich meiner eigenen Historie zu erinnern, insbesondere der letzten drei Jahre.*
Zunächst Renate Dittmann und Fritz Ebeling, die als konstante Verfassung ununterbrochen dabei waren und alles auf Recht und Gesetz überwachten. Petra Hermanns, die als Jeanne d'Arc der Szene aus mir einen Autor gemacht hat. Valesca Schober, die als treue Wegbegleiterin meines Kreuzzuges durch Verlage und Lektorate an meiner Seite stand. Gerhard Harderer, der mir als weiser Mann die Fantasie beflügelte. Hans Borghorst, der jedes Zeichen im Pergament auf Korrektheit prüfte. Fritz Panzer, dem Bismarck, der die ganzen Kontakte aufgebaut hat. Irmgard Dober, die meine Texte auf Richtigkeit mit alten Schriftrollen verglich. Der gesamten Wikipedia, die alexandrinische Bibliothek der Jetztzeit, möge sie niemals brennen. Volker Dornemann, der alte Höhlenmaler, der tapfer jeden neuen Vorschlag in eigentlich fertigen Bildern mit einer Freundlichkeit abschmetterte, die mir jetzt noch das Gefühl gibt, ich hätte sie selber auf den Scheiterhaufen geworfen. Und vor allem Lara, Hanna und Andrea. Dem schönsten Teil meiner eigenen Geschichte.

VOLKER: *Vielen, vielen Dank für alles an Fynn, Ines, Mulli, Vati, Made, Toonsup, Micha, Steffen, Belinda, Mike Pi, Charis, Tina, Achim, Wieland, Moritz ... Und last but not least an Bernhard für die angenehme Zusammenarbeit und dieses exorbitante Projekt!*

WIR BEIDE *bedanken uns ganz herzlich bei Dieter Schwalm, dem Turnvater Jahn des Buchgeschäftes, der immer wieder andere Dinge vorschlug, die diese Kür ermöglichten, und Monika Swirski, die als Martin Luther der Grafikergilde immer wieder neue und geniale Layouts an Tore geschlagen hat, bis wir sie nicht mehr den Flammen übergaben.*

Bernhard Hoëcker wurde 1970 in Neustadt an der Weinstraße geboren. Er ist Schauspieler, Komiker und Moderator. Er lebt in Bonn und will da auch bleiben. Mehr Informationen unter: **www.bernhard-hoecker.de**

Volker Dornemann wurde 1968 in Dortmund geboren und ist Zeichner, seitdem er einen Stift halten kann. Der freiberufliche Illustrator veröffentlicht unter anderem auch Cartoons und Comics in verschiedenen Magazinen sowie im Internet auf seiner Website **www.volkertoons.de**

Postfach 3407 · D-26024 Oldenburg

www.lappan.de

Druck und Bindung: Offizin Andersen Nexö Leipzig

Printed in Germany

ISBN 978-3-8303-3248-0